サラリーマン卒業生の「生涯現役」

「地域」での居場所づくり

健康生きがいづくりアドバイザー
Karino Yoji
狩野陽二

JN179008

文芸社

まえがき

普通のサラリーマン経験者が、保守的思考で体験談を中心に書いた本書は、団塊の世代や多くのサラリーマン卒業前後の方々の中には、価値観の違いを感じる方もいると思う。

平成26年内閣府「国民生活に関する世論調査」によると、昭和55年頃は、「心の豊かさ」「物の豊かさ」のどちらを重視するかは、どちらも40％前後であるが、平成26年の調査では、「心の豊かさ」が63％、「物の豊かさ」31％と大きく開いている。これも価値観の変化だろうか。

定年後の人生をあまり深刻に考えないまま、定年を迎える人は多い。

地域のことや子どものことはいっさい妻に任せ、仕事を生きがいとしてきた男が再就職より地域活動を選択し、地域デビューを果たし、いくつかの課題を克服して、第二の人生を楽しんでいる生きざまを考察しようと思う。

定年直後の私は、地域に親しい友人がいなかったが、今では多くの仲間との関わりを持ち、「生きがい・やりがい」を感じながら第二の人生を面白く、楽しんでいる。幸いにも多くの団体に関係するようになり、ほぼ週休二日で地域活動に関わっている。人から「大変だね」とよく言われるが、自分自身のメリットになっている。「健康が維持できる」「自己実現ができる」「人脈が増える」「学びがある」を楽しみに過ごしている。

当初、タテ社会の「会社人間」から、ヨコ社会の「社会人間」に変身するためには、まず現役時代の肩書や考え方を捨てること、地域では現役時代のスキル・ノウハウを必要に応じ提供することだと、定年前に読んだ書籍などから心に決めていた。

会議を勝手に仕切ったり、持論を長々と述べたりせず、相手の話を尊重することも頭では分かっているが、慣れるのに時間を要した。会議に参加していてテーマと逸脱した話が話題になるとイライラして来る。しばらくして誰かが言う。「そろそろ本論に戻しましょう」で収まる。

帰宅後に妻に話すと、「地域に会社のやり方を持ち込んじゃダメ」と言われた。会社以上に我慢が必要だと感じた。それも時間の経過とともに、ある程度は気にならなくなり、今日に至っては違和感もなく、地域活動を楽しんでいる。

退職後はしばらくのんびり過ごしたい気持ちでいたが、３カ月も経過すると身を持て余してしまった。毎日が日曜日で自宅にいると、妻の行動が気になってくる。妻は地元で20年余りボランティア活動をやっていたので友人が多くよく出かける。どこに行くの？　何時に帰るの？　と毎回聞いていた。いわゆる１９８９年流行語の「濡れ落ち葉・ワシも族」である。

地域ではすることも行く所もなく悶々とした日が続く。朝６時半に起き7時半に出勤し夜遅く帰宅するサラリーマン生活を、40年近く過ごした男性は、地域に「行く所なし・することなし・友達なし」では体を持て余してしまう。もちろん、図書館や講演会の聴講などで時間は潰していた。

60歳の定年まで仕事一筋で、特別の趣味もなく過ごし、地域に関わって来なかった男性にとって、定年後の約20年をどのようにして楽しく、「生きがい」を持って生きるかは重要な課題である。

一方、地域には地縁団体の自治会町内会、老人クラブ、消防団、神社奉賛会などが存在するが、その自治会の役員や福祉関係団体、地域活動・市民団体、ボランティア活動団体は、活動に参加してくれる人材を待っている。しかし多くの男性定年退職者は、これらに関わるキッカケを摑《つか》めずにいる。

筆者が居住する横浜市の場合、市と各区役所に生涯学習担当課（係）や、市民活動支援センターがあり、年間を通じて各種の講座を開催し参加者を募集している。

この種の講座には多種多様のテーマがあり、自分がやってみたいテーマ、楽しそうなテーマの講座を受講することができる。中でも3〜5回の連続講座に参加すると、その期間中にこれまで全くの他人であった人と、友人関係（仲間）が構築できるチャンスとなる。

筆者が地域活動に入るキッカケになったのは、妻が20年余り地域のボランティア（小学校ＰＴＡ役員、体育指導委員など）に携《たずさ》わっていたため、私に定年後は特にやりたいことがなければ、「地域にお世話になっているのだから恩返しのボランティアをやってね」と口癖のように言っていたことだ。

退職後のスタートは、横浜市緑区役所の生涯学級講座に参加したことから始まる。従来、区役所には戸籍書類などを取りに行く以外は、行ったことがなかった。市民講座など、開催していることすら知らなかった。

定年後に読み始めた「広報紙」でいくつかの講座に申し込んで受講するうちに、区役所の担当者から、講座の運営委員（ボランティア）をやってみないかとお誘いを受けた。講座の企画運営は現役時代の経験を活かせると考えお引き受けした。

その後に、活動の幅が広がり、いくつかの市民活動団体（テーマごと）を立ち上げたり、鴨居地区の自治会活動に関わったりする一方、「仲間づくり」「楽しい地域活動」「地域デビュー」に関する講演活動にも関わらせていただいている。

地域活動に入るのに背中を押してくれた妻は、平成21年の夏に他界した。寂しい思いと無念さで、しばらくは落ち込んだが、地域の大勢の仲間が私を支えてくれたため、比較的早期に元の生活に戻ることができた。他方、常に私をサポートしてくれた三人の娘たちに感謝している。

本書で書いた内容の多くは、各地で講師としてお話しした内容を要約したものである。理論でなく体験を中心に、定年後の「生きがいづくり」としてまとめた。それぞれの地域には地域性があり、私が住んでいる横浜市緑区や鴨居とは、条件が異なり適合しない面もあると思うが、そこは応用問題として読者のご判断を待ちたい。

定年後の地域活動（自治会町内会、ボランティア、趣味、スポーツ）を、長期にわたり継続するための基本は、「楽しい」「生きがい」が重要と考える。

現役時代の肩書に捉われず、肩書を捨て、平等な立場で仲間と活動することで、各自が学びと喜びを感じ、地域での関わりに笑顔と活気が出てくる。

日本は少子超高齢社会が進行するなか、高齢者は極力自立し、介護保険のお世話にならないよう健康寿命を延ばし、生涯現役で地域活動に関わり、昨今提唱されている人生１００歳時代を楽しく生きたい。

定年が、60歳から65歳以上に移行しようとしている今日、健康寿命の延伸が論じられている。定年後の第二の人生は約20年で、自由時間10万時間も変わらないと考える。

この第二の人生をいかに楽しく面白く元気に過ごすかである。普通の人でもシャイな人でも、ちょっとした勇気と他人と調和する気持ちを持てば、自分が住んでいる地域で、楽しく面白いセカンドライフが実現できると考える。本書は、筆者の体験と地域活動を通じての考察からまとめたものである。

平成29年1月に、日本老年学会などが、65～74歳を「准高齢者」、75～89歳を「高齢者」、90歳以上を「超高齢者」と呼ぶことを提唱した。超高齢社会では65歳以上も元気な方が多い。その方々は体調を崩した高齢者の支え役として、活動していただければ嬉しいと思う。また、ボランティアでなくても生涯現役の仕事などに携わるのも、定年後の人生を切り開く選択肢であろう。

普通のサラリーマン卒業生が、自らの意思で活動し、地域に居場所をつくり、自分のスキルを生かせる地域活動の事例も本書にまとめた。本書が、多くのサラリーマン卒業生に贈る秘伝書となれば幸甚である。

目次

序　章　自分を変える

膨大な時間

定年後は少しのんびりして、自分自身の時間が欲しいと思っていた。朝、雨の中を駅に急ぐ人を自宅から眺めて、「私も、雨にも負けず風にも負けず頑張ったんだぞ」と心で叫んだこともあった。しかし3カ月も経過すると余暇時間を持て余してしまった。

趣味と言っても、ハイキング程度であり無趣味に等しい自分は、やることがない寂しさを感じ始めていた。併せて定年後の20年をこんな生活で良いのかと、焦燥感も出てきた。

何十年もの会社勤めで、一日の活動が常態化している自分を変えなければならない。定年後、地域にソフトランディングするために、定年直前に講演会で知った神奈川県の男性活動団体「じゃおクラブ」に入会し、地域の居場所を確保して定年を迎えた。

定年後に実際に行った活動としては、前勤務地の東京や住まいがある横浜市などで開催される各種の講演会を新聞などで探し、参加することで時間を消化した。

講演会を受講すれば知識を得ると同時に、誰かと知り合いになれる可能性を秘めているが、この種の講演会は広域からの参加者であり、友達を作ることは不可能であった。受講テーマの知識は得られても、地域に帰れば相変わらず、居場所と友人がいないことには変わりがなかった。

このように広域での講演会で学んだとしても、地域では一人であり、自己実現には到底及ばない。自己実現が狙いではないにしても、習得した事項は地域の課題解決や、地域おこし、地域の魅力発信で実現してみたくなるのは受講者の願いでもある。

地域活動に入るキッカケ、条件を考察すると、広域ではなく、場所や話題に共通性がある地域、すなわち緑区からスタートすべきだと気がついた。その後は横浜市や緑区の広報紙中心に講座の情報を収集し、参加することに努めた。

勤務していた会社で定年を迎えた友人は、地域にソフトランディングするために涙ぐましい努力をしていた。

定年から半年間、横浜から前勤務地の東京まで定期券を購入し、いつもの出勤時間に自宅を出て東京駅で下車し、勤務地近くの喫茶店に入り新聞を読んで10時を待つ。10時からは市場調査と称して秋葉原電気街や日本橋近辺のデパートを回り、午前中を過ごす。昼食後に自宅に帰ることを繰り返していたが、2カ月程度で止めたらしい。

再就職か地域活動か

筆者は定年後は再就職したいと考え、県立高等職業技術校に半年間通学した。科目はビルメンテナンス科で、二級ボイラー技師、消防設備士、危険物取扱者、二種電気工事士を取得し再就職に備えたが、卒業前に体調を崩し就職には活かせなかった。

一方、妻のアドバイスと私自身、第二の人生は地域活動にウエイトを置きたいという考えがあった。長年の勤務で叩き込まれた「タテ社会」の企業活動と決別し、地域の「ヨコ社会」で活動するために役立つであろうと思う、様々な資格に平成６年（１９９４）から挑戦した。

結果として、消費生活アドバイザー㈶日本産業協会）、余暇生活開発士・レクリエーション・インストラクター（㈾公財）日本レクリエーション協会）、健康生きがいづくりアドバイザー㈶健康・生きがい開発財団）、健康管理士一般指導員（ＮＰＯ法人・日本成人病予防協会）、生涯学習コーディネーター㈶社会通信教育協会）、産業カウンセラー㈳日本産業カウンセラー協会）、森林セラピーガイド（ＮＰＯ法人・森林セラピーソサエティ）などを取得した。これらは直接的には活かされていないが、学んだことが地域活動や講師活動のバックボーンとして活きていると思う。

ここで定年直後に行った各種のモニター活動について触れておきたい。

毎年12月から2月頃にかけて、各種の「モニター募集」の新聞広告が目に留まる。筆者の場合3年間で17件応募し9件のモニターに採用された。主なものを挙げると、消費生活モニター（公正取引委員会）、県政モニター（神奈川県）、市政モニター（横浜市）、番組モニター（ＮＨＫ）、広告モニター（読売新聞社）などである。

これらのモニターに参加して、40年近い企業生活で経験しなかった側面の知識を学び、型にはまった企業人生の一部を補完すると同時に、生活者として必要なことを多く体験することができた。

モニターに応募し始めたころ、申込み5件すべて不採用であったが、その後、応募理由を再考したことで12件応募して9件で採用された。

採用されたい気持ちで応募理由を書くより、募集側の立場を考慮して書いたほうが採用される可能性が高いと感じた。しかしこれも一概には当たらない。すなわち調査側に立てば地域、年齢、性別などでバランスが必要であるからだ。

また、平成7年頃に神奈川県の森林ボランティアに参加し、下草刈り、除伐、間伐、枝打ちの作業を行ったことも記憶に残っている。

第1章　定年で変わるもの

この章では、定年直後に地域に馴染めない男性を意識して記述しているので、女性読者の場合は、ご主人の行動や生活などをオーバーラップさせて考えていただければ幸いである。

女性の多くは地域の達人であると言われてきたが、今後は定年まで就業する女性が多くなり、現役時代に地域との関わりが少ない方々には、本書が何らかのヒントになるかもしれないと考えている。

1　定年で減るもの

減るもの、失うものは、物理的なものと心理的なものに区分されるが、両者ともに人間として「生きがい」に影響を与えるもので、その人にとってはインパクトが大きい。

地域で、やることがなく仲間もできず、居場所もなく家に閉じこもり、健康を害する人がいると聞く。特に趣味もない者にとって、定年後の約20年間は、楽しいはずの第二の人生を無駄にしないよう、人生設計を意識して組み立てる必要があろう。それには意識と行動、そして少しの勇気の伴走が必要だと思う。

社友（会社の友人）

定年後に、元の勤務先を訪問すると、後輩たちは歓迎してくれるが、本音は困惑している。帰る時に「また来てください」と言うが、後輩は仕事中に何度も来てほしくないのである。

社友は先輩後輩として、仕事を通じて何十年も付き合った親しい間でも、定年後も仕事以外の付き合いが、現役時代と同様に継続するとは限らない。筆者も現役時代に先輩がよく訪ねてきてくれ嬉しい面もあったが、忙しい時間帯に突然来られると迷惑することがあった。従って私は定年後に勤務先を訪ねたりすることはしていない。

しかし、社友は有難いもので定年後にOB会を組織して、年に何回かの会合案内や会員情報を提供してくれるので、適宜に参加し旧交を温めるようにしている。定年後にOB会を唯一の楽しみにして、会合に毎回出席し、ハイキングやゴルフ、写真クラブ、囲碁・将棋会に参加している人もいる。また、起業や講演活動あるいは就業し、第二の人生に生きがいを求めている人もいる。

OB会に以前参加して気になったことは、現役時代とほとんど変わらない情景だ。例えば記念撮影時は当時の上司が真ん中に座り、その他が取り巻く姿だ。私は年齢順が良いと思っていたが、最近はその通りになってきたようだ。

また会話の内容は、今何をしている？　と尋ねたり、健康や病気についての話、過去の思い出話で、親交を深める楽しいひと時でもある。

病気の話題は尽きない。こんな病気にかかり、こんな体験をしたという情報は豊富である。ある男性は婦人科以外の病気を全て体験したと話してくれた。とにかくOB会は健康に関する情報が多く飛び交い参考になることがある。その他の話題は現役時代の仕事話であり、過去形に終始するのが一般的のようで、硬直的な思考は変わらない。

中に、自治会やＮＰＯで活動する人がいると、会話が弾むことがある。多くの時間を費やしＯＢのために活動している、ＯＢ会役員や世話人の方にはいつも感謝している。

情　報

定年で仕事がなくなると情報が激減する。しばらくはのんびりできる反面、情報が減少し、世間から疎外されそうな感に襲われる。現役時代は経済新聞や業界紙、会議などで専門情報が意識しなくとも入ってくる。定年後はこの種の情報は必要ないと考えるが、一抹《いちまつ》の寂しさを感じるものだ。

しかし時間の経過とともに、従来の情報は不要となり、必要な情報内容が変化してくる。

すなわち、一般的な経済情報に関心を持つのは常識であるが、定年後地域人としての生活を主体とする人には、自分が住んでいる県・市・区・町の地域情報を求めるように変化するのは、当然ともいえる。

地域情報に対する欲求は個人差もあるが、男性の場合、地域の歴史、健康（太極拳・ウォーキング、ストレッチなど激しくない運動）、まちづくり・環境問題、男の料理、歴史散策、ボランティアなどの情報を求めている人が多いと感じる。

例えば緑区役所の場合、歴史散策講座の「横浜線ものがたり」では、毎年応募者が多く、参加者は抽選と聞いている。時流に沿った子育て支援・介護予防・地域大学（みどり「ひと・まち」スクール）なども人気講座である。

これらの地域情報は、どこで収集できるかを横浜市のケースで後述する。他の都道府県の場合は、若干異なるので担当窓口で確認していただきたい。インターネットで必要事項を検索することも可能だ。

収入

現役中は毎月の給与であったが、2カ月に1回の年金に代わる。私の退職当時の、厚生年金は60歳から支給されていたが、昨今は65歳に移行されつつあり、65歳までは何らかの収入を得る活動（嘱託・就業・パート……）が必要となろう。

年金収入は当然給料より少ないが、定年後の生活プランを再考し贅沢を慎めば、少ない年金でも生活が成り立つ人が多いと思う。不足の場合は就業または退職金や蓄えで補うことになる。

定期預金利息は毎年低下し、昨今の預金利息はゼロに等しい。従って、定年までに借入金を極力ゼロにしておくことが肝要だ。さらにはオレオレ詐欺などにだまされないことである。

現役時代に全く感じていなかったことで、通勤定期券の効用がある。私用があって電車に乗る場合でも、ほとんどが定期券で乗車できた。

定年後はすべて切符購入やカード利用で出費が伴う。収入減と支出増が同時にやってくる。

また年１回の人間ドック受診も、以前は会社が何割かを負担していたが、定年後は全て自己負担であり、現役時代の有難さを痛感している。

定年後は確定申告も自分で行うことになる。書式に則り計算すると少額ではあるが、源泉徴収税が戻ってくることがある。そのためには関係書類や領収書は整理して保管しておく必要がある。

年賀状

定年になって、親しい社友と思っていても、いかに儀礼的な付き合いであったかを思い知らされる。現役時代は何百枚も年賀状が届いていたが、定年後20年を経過すると、亡くなった方、義理で書いていた方を中心に減少し、現在は2割程度になってきた。長期にわたり年賀状を通じて付き合ってくれた社友に感謝したい。

昨今では、地域活動の仲間からの賀状が増加しているのは嬉しい限りだ。地域の方とは、正月早々お会いするので、年賀状を不要と考える面もあるが、地域の年賀状は仕事仲間時代と異質のものがあり、心に残る賀状が多く楽しいものである。また最近はメールによる賀状が増えてきたが、味気なさを感じるのは時代錯誤なのだろうか。

正月になると感じることは、「遠くの親戚より近くの他人」の言葉である。

今年も地域の友と楽しく活動しようと心を新たにする。

年賀状について感じたことがある。最近の年賀状はパソコンで宛名も印刷してあるのが一般的だ。以前は多くの方が自筆で裏表を書いた。パソコン時代になってその人の筆遣いが分からなくなったが、かつて筆跡で体調を読める体験をしたことがある。

筆者の父、妻の父は達筆で毎年年賀状を書いてくれていた。晩年、いつもの筆跡ではなく「よれよれ」の字が気になった。また会社の先輩も同様で、アレッと感じたのを覚えている。この3人とも1年から2年で亡くなった。健康状態が筆跡にも表れることを感じたのは、自分のみであろうか。

名　刺

仕事で使用していた名刺は地域では必要ない。定年後の活動団体で「名刺不要」を言う団体もあり、退職後は肩書きがなくなるので、名刺を持たない人が多い。

確かに地域活動では、持たなくても活動に支障はない。しかし、今後何らかの地域活動に関わろうと考えている人は、肩書はなくても「氏名・住所・電話番号・メールアドレス」を書いた名刺を持っていた方が、都合がいいと考える。

初対面で会った時に、お互いの連絡先が分からないと、その後の交流が閉ざされてしまうこともある。中には相手の連絡先を聞いてメモする人もいるが、連絡先を書いた名刺を渡す方がスマートであると思う。

私は、地域活動を始めてから自作の名刺（内容は前記）を使っていた。各地で行われる講演会や講座に参加した時に、大学教授・コーディネーター（後述）、行政関係者、司会を務める方と名刺交換をしている。

地域活動に関わって、約１０００枚の名刺がファイルされている。中には、地域活動で永年にわたりお世話になっている諸先生方も多く、財産の一つになっている。

2　定年で失うもの

定年で失うものは、その人の考え方や生活環境、趣味などにより格差がある。趣味に生きがいを持つ方には論じる必要がないであろう。

しかし一般的なサラリーマンは、仕事がなくなると、居場所と「時間持て余し症候群」で困惑することになる。寿命が延びた現在では、悠々自適で、家にいる時間ばかりが増えると、楽しいはずの第二の人生が、人によっては健康を害することになるかもしれない。

また、地域に馴染《なじ》めずに自宅に閉じこもり、ノイローゼやアルコール依存症になったり、毎日自宅にいて、最愛の奥様を困らせる「濡れ落ち葉」になることを十分承知しておきたい。

多湖輝氏『人生90年面白く生きるコツ』によれば、高齢者がボケないためには、「キョウイク」と「キョウヨウ」が必要とある。皆さんはご存知と思うが「今日、行く所がある（教育）」と「今日、用がある（教養）」の意味である。

定年で、仕事がなくなり（解放され？）、自宅にいる男性が困ることが「三無し」である。

その一は「することがない」、その二は「行く所がない」、その三は「居場所がない」である。これらについて次に記述する。私も身を以て体験してきたが、失うもの減るものは人様々であり、参考にならない場合もあることをお断りしたい。

すること・やることがない

ひところ定年後の男性が家にいて、何もすることがなく、ゴロゴロしている様子を濡れ落ち葉、ワシも族、粗大ごみ（樋口恵子氏）、産業廃棄物（上野千鶴子氏）などと揶揄《やゆ》されてきた。その言葉が巷《ちまた》を闊歩していた。さらに、川柳まで生まれた。

粗大ゴミ朝出したのに夜戻る

である。

筆者も趣味を持たないために、定年後の人生をどのように過ごすのかを、私以上に妻が心配していたようだ。その妻に背中を押されて地域の中に入って行くことができ、今では感謝している。

定年後は身の回りの整理などもあるが、決まった仕事などがないため時間を持て余す。40年近く関わった仕事を生きがいと感じて過ごした人間は、仕事がなくなると、身の置き場に困るものである。

定年後に一時、消費生活アドバイザーの資格で、携帯電話会社のお客様相談室に乞われて勤務したが、４カ月で辞めさせていただいた。

辞めた理由は、退職後しばらくのんびりしていると、毎朝の通勤地獄が苦痛であること、土曜日曜は地域でボランティアを始めていたから、自分の時間が持てなくなりつつあることに気づいたためである。

やることを見出すには、自分で気づき、勇気をもって乗り切る以外に道はない。要は自分が「やりたいこと・楽しそうなこと」を見つけ出し、それに注力することだと考える。

無理をしても継続が伴わないのは必至だ。自分が楽しめること、やりたいことを探すのが一番だろう。町内の方と清掃活動するのも一案であり、緑地保全のボランティアや、児童の登下校の見守りなどに参加するのも方法だ。参加することで友達が増え、新しい活動へと発展するキッカケづくりにもなる。

情報源として一例であるが、「神奈川県のたより」、横浜市の広報紙「広報よこはま」、地元の「広報みどり区版」の紙面や、神奈川県生涯学習センター、横浜市各区役所の市民活動支援センター、福祉保健センターなどを訪ねれば、情報はいっぱいある。とにかく自分から外に出て情報を得ることだ。出かけることで元気も出てくるものだ。

第二の人生は「やるべき価値を求めて」何かをするより、やりたいこと、できることから始めたい。そして年月を重ねると自己実現も、地域での活動も充実してくると考える。

地域に居場所がない

定年後に、ご主人に毎日家にいられると、奥様は大変迷惑するだろう。主人が一日中家にいると三食の準備もしなくてはならない。併せて奥様の自由行動が自然に制約されてくる。

亭主から見れば朝から晩まで家にいると、妻の行動が気になる。些細《ささい》なことで言い合って気分を害することも起こる。ご主人の定年後の人生を楽しみに待っていた、奥様の思いを満たしてあげるには、「亭主元気で留守がいい」である。ただし夫婦で一緒に楽しめる多くの活動が、地域に存在することも付け加えておきたい。

地域の居場所は、地域を知らない男性には簡単には分からない。地元の自治会長を訪ねて「何かすることがありませんか」と言えば、自治会長は喜んで仕事（ボランティア）と居場所を提供してくれるであろう。

実際にこのケースを実行した先輩がいるのには敬服した。これには勇気が必要である。さらに知らない人たちとの交流がいきなり始まるので、ストレスや人間関係を考慮しておくことが大事であるが、これも定年後に地域に入る選択肢の一つである。

一番ポピュラーで推奨できるのは、地元の行政機関などが主催する、「生涯学習講座」に参加することである。特に連続講座に参加すると、初対面同士でも、同じ目的（講座参加の共通性）で参加している同志なので、仲間になれる可能性は極めて大きい。

場合によっては講座終了後に自主グループが結成されれば、迷わず参加することを推奨する。

できれば世話人に就いた方が地域活動の幅が拡充し、人脈が構築されるチャンスもあり、行事参画などで地域活動に慣れる近道である。

筆者の場合は前述したが、定年後に横浜市緑区役所生涯学級の連続講座に何回か参加した。ある時、区の職員から生涯学級講座の運営委員（ボランティア）に誘われたのが、地域に入るキッカケとなった。初めて参加した連続講座（4回）のプログラムは現在も記憶している。講師の話、歴史散策、料理教室がある。講座名は「素敵なおつき合い」という講座であった。

参加して驚いたことは、参加者は約30名で、そのうち男性の5名は、会場の片隅に静かに座っていた。女性達は楽しそうに話し合っており、誘い合って参加しているようであった。

表1　じゃおクラブへの入会動機

順位	項　目	
1	退職後の居場所	55%
2	じゃおクラブで様々な活動ができそう	20%
3	希望する活動がある	16%

「創立20周年記念シンポジウム」発表アンケートよる。

筆者は女性に圧倒され、職員に参加を辞退したいと申し入れたが、職員曰《いわ》く「地域はどこへ行っても女性の活動が活発で、男性が少ないのは普通」「少しだけ勇気を出し参加すれば楽しくなりますよ」と言われた。職員の言葉に従って参加した結果、地域に入るキッカケと仲間ができ、当時の職員に感謝している。

筆者はまた地域の居場所として、定年直前に講演会で知り合った前述の、神奈川県の男性地域活動団体「じゃおクラブ」に入会し、定年後は毎月活動に参加した。じゃおクラブが平成23年5月に、「創立二十周年記念シンポジウム」で発表した会員のアンケートが参考になるので、表1に紹介する。

この結果を見ると過半数が、筆者同様に入会動機は、「地域の居場所」を挙げている（会員数158人、回答数73人）。神奈川県在住の場合、じゃおクラブを定年後の居場所とするのも選択肢の一つに考えてもよいと思う。

地域に友達がいない

常勤で地元以外に勤めていた人たちの多くは、地域に親しい友達が少ない。特に男性は地域との関わりが少なく、挨拶程度の人はいても親しい友達は少ない。このような男性は地域の会合や講座に参加しても、同席した人とは世間話や家族の話などほとんどしない。

そのため初対面の場合は、挨拶以外には話が進まない。講座の参加であれば、講座のテーマについては議論し、意見は述べるが、他のことには触れないために、お互いを知ることはできない。

団地で例えば4階建の場合、一般的に同じ階段の8戸の人や、団地の役員とは話をしても、他の階段の方とは挨拶程度になってしまう。さらに高層マンションの住民は、煩わしい人間関係を避けて入居した人もいて、顔を合わせても挨拶もしない人がいるのは如何なものか。外国人は、ホテルに宿泊し、エレベーター内や朝出会うと、知らない人とも挨拶する。国民性もあるのか。

近年このように人との関わりが希薄になって来たと感じる。従って、地域での交流は持ちたいと考えても、交流のキッカケを意識的に待たないとチャンスは少ない。

地域で友達をつくる時は、自治会町内会の行事に出て関わりをつくるか、講座などの参加者との交流が早道かも知れない。

地域の達人は奥様方である（将来は女性の方も定年までの勤務が増え、達人は減少する？）と言われている。筆者も子育て、ＰＴＡ、地域活動などはすべて妻に頼っていたため、地域を知らないまま定年を迎えた。

妻は小学校ＰＴＡ役員、学校開放のスタッフ、体育指導委員などに、20年余にわたり携わってきた地域の大先輩であり、私の先生である。

地域で活動を始めてしばらく経ち、先輩から勧められ、初めて自治会役員になった。知らない方ばかりであったが、挨拶のたびに、妻の知名度が高く「狩野さんの旦那か」と言われ、案外早く自治会関係者と慣れ親しみ、活動に入ることができた。

近年は女性も定年まで勤務する人が増加し、地域を知らない女性も増加の傾向にあると前述したが、学校の先生方も転勤族で、自分が住んでいる地域に馴染みがないと言って、定年後どのようにして地域に溶け込もうかと、心配する先生もいた。

遅かれ早かれ地域に入るキッカケづくりを、自分で構築することである。行政や信頼できるＮＰＯ団体などの、講座に参加したり、奥様や知人の力を借りたり、自分で情報探しに行ったり、行動を起こせばチャンスは生まれる。地域に仲間ができると毎週でも会える。会社と異なり異文化との関わりが毎日を楽しくする。

そして会うたびに学びがある。仲間ができると地域情報も加速度的に増加し、やりたいことや地域の課題、地域の魅力にも気づき、活動の幅が広がり、第二の人生が楽しくなってくる。是非そうなっていただきたい。

家族の健康

年齢を重ねると体調に変化が出てくる。仲間との会話の中で病気や薬、健康問題が話題になると、自分や妻は大丈夫なのかと気になる。体調を崩し活

表2　高齢者が心配する「日常生活の不安」（平成26年度調査）

順位	理　由　項　目	%
1	健康や病気のこと	58.9
2	寝たきりや体が不自由になり介護が必要になること	42.6
3	災害（地震・洪水など）	29.1
4	生活のための収入のこと	18.1
5	頼る人がいなくなること	13.6
6	社会の仕組み（法律、社会保障、金融制度）が大きく変わること	12.6

（平成27年版「高齢社会白書」より）

動から遠ざかる人も出てくる。

加齢とともに体力気力が低下する。日常生活ではバランスが取れた食生活で、適度の運動を行い、常に人と会って会話や活動に心がければ、認知症になる可能性も低下するのではないかと思う。認知症は、地域で３団体以上に関わると、発症しにくいとの話をテレビで見た記憶がある。

表２は「平成27年版高齢社会白書」から引用した高齢者の心配事である。これによると上位は健康や病気のこととなっている。

健康づくりについては、全国的に「健康日本21」（第二次）が推進されており、各都道府県でも健康寿命増進を目標に積極的に取り組んでいる。この種の情報を得て参加するのも良いであろう。

3　定年で増えるもの

定年後に増えるもの、減るものは個人差がある。多趣味の人は待ってましたとばかり、増加した自由時間をフル活用するだろうし、ご夫婦で海外の旅に出る方もいる。

ここで論じたいのは、仕事を「生きがい」と考えて人生を過ごして、定年後やることもなく時間を持て余し、第二の人生の生き方を模索する人たちについてである。

家族との会話

一般的に定年を迎える時には、子供たちも成人となり、時には夫婦二人きりの場合もある。長い間仕事に没頭し、家族とゆっくりと話す機会も作らずに来た人は、是非いろいろと話す時間を持って欲しい。時間ができたからと言って、改めて話すテーマはない人もいるが、定年後の20余年間の人生をご夫婦で語り合い、人生の設計図をまとめるのも意義がある。

この場合はお互いを尊重し、経済（貯蓄、年金などの生活資金）、趣味（個人および共通）、健康、ボランティア（社会貢献）、学び、友人関係、最後に一人になった場合の生き方等々に、時間をかけて話し合う価値は十分ある。エンディングノートをベースに話し合って、書いてみるのも良いと思う。

テーマがないと夫婦であっても雑談で終わってしまう。できれば、ある段階で子供も巻き込んで、家族で話しておくと相互理解が得られる。

親しい中にも礼儀ありで、老後の生活は特に相互協力が必要である。十分な話し合いの機会をつくることが肝要だと考える。

自然体で相手の立場を十分理解しながら語ることが大切で、話し合うことで相手や自分を再発見することもあり、感謝の心も芽生える。

また、「男子厨房《ちゅうぼう》に入れ！」である。買い物、洗濯、掃除も手伝い、将来「おひとり様」になった場合に備えておくのもいい。二人が元気なうちに奥様から教わり、習得しておくことが肝要である。

自由時間

毎日が日曜日となると多くの時間を持て余す。晴耕雨読と言っても緊張感を持って取り組まないと、認知症予備軍になってしまう可能性さえ出てくる。最近は田舎暮らしを始める人や、生活費が安い海外で生活をする人も話題になっている。いずれにしても家族の協力と健康状況によっても左右される。持て余す自由時間を有効に、しかも第二の人生を心豊かに送るためには、自由意思で行動できる地域活動が理にかなっていると思う。

ただし、各自それぞれの考えがあり、将来像は異なっても良い。自己責任で自由闊達な活動ができれば、地域に仲間もでき生きがいと楽しみが醸成される。地域活動の楽しみについては事例で後述する。

いずれにせよ第二の人生は健康で面白く過ごしたい。さらに少しの地域貢献が入ると活動に達成感が生まれると考えている。

第２章　定年後の自由時間は10万時間

平成29年の平均寿命が男性81・09歳、女性87・26歳であるが、人口問題研究所が平成72年（２０６０）には、男性84・19歳、女性90・93歳になると発表している。

平均寿命は昭和35年（１９６０）に、男性65・32歳、女性70・19歳であった。この57年間で男性15・77歳、女性17・07歳、平均寿命が延びたことになる。

まさに人生80年から90年、そして１００年時代が注目されている。定年延長が実現しても自由時間は大きくは変わらない。最近注目されている元気高齢者と言われる「健康寿命」（男性72・14歳、女性74・79歳）が、少しでも平均寿命に近づくことを期待したい。

日本老年学会・日本老年医学会が、「高齢者は75歳以上」を提言した。社会の仕組みは早急には変化しないが、65歳以上を高齢者と決めている現在から、75歳以上とすることで各自の意識や、社会の環境に変化が現れるのを期待したい。75歳まで生涯現役で活動（仕事、ボランティア）する人口が増加すれば、必然的に健康寿命も延びると考える。

政府が提唱している「一億総活躍社会に向けて」の諸施策が実施されつつあり、これに便乗し、自分の活動分野を決めることもできよう。

1　会社人間から社会人間へ

企業人間から社会（地域）人間・家庭人間に置き換わることである。

言葉で言えば簡単であるが、この切り替えは人によっては難題である。現役時代の肩書にこだわったり、地位が高い役職であった人ほど地域人間への転換が難しい傾向にある。例えば、単純・簡単な作業は誰かがやってくれるから、自分はやる必要がないと考えている人がいる。

地域社会に出てもしばらくの間は、企業活動の延長になり、強い口調の発言で周りから揶揄されることが出てくる。妻は、「地域は上下がなく平等だから……」とよく言っていた。

そのため、私が取得した資格が地域活動に少しでも役立つと考えたが、なかなか上手《うま》く活用できない。基本はカウンセラー講座で学んだ「傾聴・共感」を意識して、解決するよう努力が必要と考える。

地域社会に入るだけでなく、家庭人としても、特に男性自身の意識改革が望まれる。現役時代は仕事一筋でやって来た生活も、奥様に頼ってきた事柄も、少しずつ手伝いながら慣れることをお勧めする。

3度の食事も、たまには男の料理で奥様をねぎらうのも家庭円満の方法である。各地で男の料理教室が開催されているので、時間を取ってぜひ体験して欲しい。

地域デビュー講座を開催した時、「男性の料理教室」の日に、ご夫婦で参加された奥様が、「主人には家事は一切させません」「包丁など持たせません」「必要なら私が料理します」と言っていた。説得して隣室で待ってもらった。ご主人には初めて包丁を持って料理に挑戦してもらった。講師の手ほどきで初体験の料理に大喜びであった。それを見た奥様も認識を変える一歩になったようだった。

定年後も現役時代と同じく、家事一切を妻がやってしまうと、大切な夫を「認知症行きの快速電車」に乗せたに等しくなる恐れがある。上げ膳据え膳はほどほどにしたい。

2　自由時間は10万時間

自由時間が10万時間と言ってもピンと来ないと思う。1日24時間のうち、生活時間（睡眠、食事、身の回りのこと）を差し引き、残った時間の20年間分である。

人それぞれであるが生活時間が1日10時間の場合、

24時間から引く10時間＝14時間

×365.25日＝5,113時間

×20年＝102,260時間

約10万時間である。これは個人差もある。一般論として考えていただきたい。

自由時間は言い換えると、その人が自由に使える余暇時間と考えても良い。角度を変え考えると10万時間は約40年間働いた時間に相当する。

筆者の場合、就職当時の土曜日は勤務日であった。週休二日制は途中からであり、実際には毎晩９時過ぎまで会社にいたが、ここでの計算は、週休二日制で１日平均90分の残業で算出する。

9.5時間×22日×12カ月＝2,508時間

×40年＝100,320時間

定年後（定年60歳、65歳でも変わらない）の人生は20年以上あり、何となく生きるより、残る４分の１の人生を無駄にはしたくない。肩の力を抜いて楽しく面白く過ごしたい。

ここで、定年で仕事がなくなった場合の１週間の時間表を作成し「今日の何時に何をするか」を記載してみる。24時間のうち8時〜18時の間に行うこ

とを書き込む。

新聞や読書、図書館行き、スポーツ・テレビ観戦、旅行、散歩、映画、庭いじり、買物、スポーツ、美術館、片付け……を書き込んでも、ウイークデー5日間の時間表を埋め込むのは難しい。

定年後であり、少しのんびり過ごす場合は別だが、仕事に代わる活動すなわち、趣味か地域活動などがなければ、埋めることは厳しいものである。無理に書いても実行できなければ意味がない。

3 第二の人生の選択肢

定年まで仕事をしてきた人の多くは、元気なうちは年金に関係なく仕事をしたいと考えているようだ。

平成29年の高齢社会白書によると、「あなたは何歳まで収入を伴う仕事をしたいですか」にたいして、表3で示すように、定年後も働きたいと考える人が増加している。

いずれにしても定年を人生の節目とし、意義ある第二の人生については無理をせず健康、生きがい、楽しさを中心に、多岐にわたる選択肢から考えていただきたい。併せて第二の人生を決める選択は、自分の人生だけでなく、奥様や家族のためにも、重要であることを付け加えたい。

仕　事

定年後も仕事をしたいと考えても、企業などの雇用環境に左右される。企業側の雇用環境について、内閣府の調査がある。従業員31名以上の企業約15万社のうち、ほとんどの企業が、高齢者雇用確保措置を表４のように行っている。職種に注文を付けなければ、雇用環境は整っているように思える。

定年後は収入が減少するが、同じ会社で定年後も継続勤務か、関連会社に出向ができると好都合である。それ以外は、全く別の職種の常勤かパートで勤務することであろう。この場合将来、地域との関わりを少しでも持つためには、職住が接近している方がベターと考える。

高齢者の就業については、平成28年版高齢社会白書から引用した表５に示

表3　あなたは何歳まで収入を伴う仕事がしたいですか

就労の希望年齢	平成26年度	平成29年度	増減
働けるうちはいつまでも	28.9%	42.0%	+13.1
70歳くらいまで	16.6%	21.9%	+5.3
65歳くらいまで	16.6%	13.5%	−3.1
75歳くらいまで	7.1%	11.4%	+4.3

（平成26年・29年内閣府調査より）

表４　高年齢者の雇用状況
（31人以上の約15.6万社の比率）

雇用確保措置	%
定年制の廃止	2.7
65歳以上の定年	16.0
希望者全員65歳以上の継続雇用	55.5
基準該当者65歳以上の継続雇用	25.4

（平成29年厚生労働省の調査）

表５　高齢者の就業状況

年齢別	男性	女性
60歳～64歳	77.1%	50.8%
65歳～69歳	53.0%	33.3%
70歳～74歳	32.5%	18.8%
75歳以上	13.3%	5.5%

（平成28年総務省の労働力調査）

す報告が参考になる。

また学識がある方は、大学や各種学校、行政機関などで講演活動を行うのも選択肢の一つである。キャリアを生かして再就職も良しとするが、年金や預金で生活に困らなければ、地域でチョッピリの社会貢献を楽しみながら、地域活動に、「生きがい・やりがい」を感じる人たちが増えることを望んでいる。

平成30年5月21日の読売新聞に、総務省の労働力調査が出ていた。70歳以上の女性の就業者は、２００７年の97万人から２０１７年は１４６万人に増えている。一方男性は、10年間で１・３倍の２１７万人に増えているとの記事である。

おおむね60歳以上の方は、身近でスキルを生かせる仕事が、「シルバー人材センター」にある。サービス、一般作業、技能、その他多岐にわたる仕事があり、登録しておくことをお勧めする。

全国シルバー人材センター事業協会資料によれば、シルバー人材センターへの入会動機は、「生きがい・社会参加」「健康維持・増進」がともに20％前後を占めている。

時間も比較的自由に決められ、賃金も定年後の仕事としては常識的と言えよう。横浜市の場合は6カ所（神奈川、南、保土ヶ谷、磯子、緑、港南）に事務所があり相談に応じている。また、平成29年1月から65歳以上も雇用保険の対象になった。

近年、農業をやり出す人が増加していると聞く。小規模で無農薬やこだわりの作物生産のようだ。農業は定年がなく生涯現役で活動でき、健康にも良いと言われている。

本格的な農業でなくとも、空地を借りて、仲間と一緒に荒地（もちろん所有者に了解を得ること）を耕しての野菜づくりも、余暇時間の活用と趣味・収穫の喜びを考慮すれば、仕事でなくとも十分な第二の人生が送れる。

私が関わっている鴨居原市民の森愛護会も、隣地を農家から借用し野菜づくりをしているが、急に会員が増加した。横浜市内で活動するいくつかの団体でも、野菜づくりを始めたところ、定年後の男性の参加が目立つと報告されている。

表６　趣味からプロレベルへの上達時間

ランク	一つのことにかける時間	腕前の上達度合
A	500時間	素人から脱皮できる腕前
B	1,500時間	一人前として通用する
C	5,000時間	プロ顔負けの腕前
D	10,000時間	達人とか名人と言われる

農地情報を知る一つに、「全国農地ナビ」があり、簡単に検索できる。

趣味・スポーツ

仕事以外に趣味やスポーツを考える人も少なくない。ここで以前学んだ事項を紹介したい。

あることに注力すれば、職業として立派に通用するまでに上達する時間を表６に示した。この表は、趣味に集中することによる上達の度合いを表しているが、自由時間の10万時間を活用すれば、いくつかの趣味が高じて職業になる可能性がある。

「ソバ打ち」を習得した後、そば屋を開業したり、ソバ打ちの講師になった友人もいる。カルチャーセンターで水彩画の講師を務めている人もいる。囲碁の有段者は地区センターで囲碁の会で講師をしている。

「芸は身を助ける」である。

在職中に趣味を持ちながら、時間の関係で十分楽しめなかった人が、定年後は生きがい・やりがいに通じることになる。10万時間を活用すれば、いくつかのプロを目指すのも不可能ではない。

趣味を持たない方で、自分に合う趣味を探したい場合、近くのカルチャーセンターなどで多彩な活動を紹介している。自分だけでなく夫婦共通の趣味を求めることも考えられる。筆者の場合は、まち歩きを始めたころに、地元の歴史に詳しい友人と出会い、一緒に行動するうちに、地元（横浜市緑区）の歴史散策に楽しみを感じたものである。

高齢者が一番重要視しているのが健康であろう。健康増進にスポーツを選択するのは当然と言える。趣味もスポーツも、個人・家族で行うか、サークルなどのグループで活動するかに分類できる。

個人の場合は人間関係の煩わしさはないが、継続性と発展性を考慮すれば、グループ活動の方が有利だと思う。

サークルに入会する場合、事前に活動内容を調査しておくことである。せっかく入会してもレベル差があり、初心者の面倒を見ずに、先輩同士で楽しんでいるところは避けた方が良い。ただし、そのサークルに先輩や知人がいる場合は問題ないと考える。

旅行好きな人は、世界一周の旅に出て、各国の異文化を楽しむのも意義がある。全国百名山の登山挑戦も楽しいだろう。

平成25年10月16日の読売新聞「９７３４駅乗降達成」の記事が目に留まった。達成した佐藤さん（42歳）は、ＪＲと私鉄など全国すべての駅で乗降したという。10年かけての活動だが参考になる。

写真を趣味とする人も多い。筆者の友人にも何人かいる。毎月講師の指導を受けながら撮影会に出席し、年に何回かホールやギャラリーで写真展を開催し作品を展示している。これも自己実現の一つである。また、写真集を作成した方から立派な写真集をいただいたケースもある。

要は趣味の集大成として、何らかの形で記録を残すことも、自己実現である。それが自分のレガシーにもなる。

研究・就学

自分でやりたい、研究したいことがあれば、大学や大学院で学問に取り組むのも、やりがいを生むだろう。平成25年版高齢社会白書によると、社会人の大学院生は5万4195名である。そのほか放送大学で学ぶのも選択肢の一つである。

なお、万葉集とか歴史上人物の研究を極めるのも良い。また森林インストラクター、自然観察指導員、樹医などの資格を取得し、自然保護活動や自然環境研究に取り組むのも、社会貢献の一助であり次世代に残す財産となる。このように取り組んだ成果を自己実現として、発表や書物にしてまとめることも、達成感や充実感が得られると考える。

地域活動（ボランティア）

地域ボランティア活動が本書の主題テーマであり、多くのページで触れてみたい。

ボランティアと言えば一般的に福祉関係が頭に浮かぶ。確かに少子高齢化が進む中、高齢者の福祉・医療は大きな問題であり、多くのボランティアによって支えられているのも事実である。

今後は、元気な高齢者が増加し、支援・介護を必要とする高齢者を支えないと、日本の社会は極めて厳しいと思う。元気な高齢者の醸成は、身近な地域活動に関わることにあると言っても良い。定年後の健康維持にはスポーツもあるが、継続性がある地域活動で人と関わることで、体と頭を使うのが健康に良いと考えられている。

近年では、子育て支援や保育園不足で、待機児童問題が話題になっている。横浜市では林文子市長の尽力で待機児童がゼロになった時があった。子育てと言えば「育メン」や「育ジイ（爺）」の言葉が報じられるが、実績が上がることに期待したい。ここで、平成29年版高齢社会白書に、「60歳以上の男女が参加したい活動・団体」を表7に参考のために記載した。

ボランティアは無償が原則であるが、最近は交通費などの実費や、ある程度の金額を支払う「有償」も見られるようになってきた。

地域活動を行う場合、団体での活動は「地縁型」、または「テーマ型」に

表7　60歳以上の男女が参加したい活動・団体

サークル・団体	%
趣味のサークル・団体	31.5
健康スポーツのサークル・団体	29.7
自治会町内会	20.6
ボランティア団体	12.7
学習、教養サークル・団体	10.7
老人クラブ	10.1

複数回答　　　（平成29年版高齢社会白書）

大別して考えてみる必要がある。

「地縁型」活動

一般的には町内会自治会で象徴される。そのほか老人クラブ、児童見守り活動、消防団、神社奉賛会、神輿《みこし》会、子ども会、伝統行事保存会などである。

地縁型のボランティア活動は、地域に根差した活動であり、顔見知りが自然に増え、地元に人脈ができると同時に、行政との連携ができるメリットがある。

また限られたエリアでの活動のため、自治会町内会・老人クラブなどは生涯現役で活動できることは見逃せない。

地縁型の事業などは、伝統的に地元住民主

体で継続されていることが多いが、昨今では役員の高齢化などで担《にな》い手不足が表面化し、継続運営が厳しい地区が増えてきた。鴨居地区についても同様で、新住民を受け入れ、地域全体で事業を運営している。

この場合地元住民が寛容であることと、新住民も地元に愛着を持つことが肝要である。

新住民が地域で新事業を開催する場合には、事前に地元の実力者的な方に相談をしておくと良い。また、地域の行事に積極的に参加して、地元住民との顔つなぎをしておくことも重要だ。「郷に入っては郷に従え」である。良いことであっても事前に相談することで、多くの協力やアイディアをいただける。地元の方々と知り合うことで、地元に人脈ができ、多くの発見や地域の魅力に接する機会が増え、歴史や文化を学べ一石二鳥である。

地域活動は住まいを中心に活動するため、活動頻度を高めることができ、時間配分も比較的容易である。さらに、地元に人脈や親しい友人が増えることが特徴だ。この活動を継続するには自分が主役（役職になる意味ではない）になることだが、活動を一層楽しく感じることになる。

「テーマ型」活動

一方、広域で活発な活動ができるのが、「テーマ型」の市民活動である。テーマとしては環境保全、環境美化、リサイクル、緑地保全、まちづくり、地産地消、防犯防災、福祉活動、生涯学習、町のガイド、国際交流など数えきれないほどのテーマがある。

テーマ型の場合は活動目的がはっきりしているため、活動に関わる人たちは情熱を持っている人が多く多士済々《せいせい》である。意見の衝突を垣間見ることもある。グループのまとめ役に専門家か大学教授の協力があれば、メンバーの力を集中でき、大きな成果と達成感が期待できる。

筆者は「地縁型」の自治会（鴨居連合自治会）、奉賛会（鴨居杉山神社）、地域の居場所（いきいきサロン鴨居）に関わっている。「テーマ型」では、まちづくり（鴨居駅周辺まちづくり研究会）、緑地保全活動（鴨居原市民の森愛護会）、かながわあすを築く生活運動協議会、元気高齢

表８　高齢者のグループ活動参加の効果（複数回答）

項目	男性％	女性％
新しい友人を得ることができた	44.6	52.4
生活に充実感ができた	41.7	49.6
健康や体力に自信がついた	41.7	46.6
お互いに助け合うことができた	30.0	37.2
地域社会に貢献できた	32.7	23.1
技術・経験を活かすことができた	21.7	19.4
社会の見方が広くなった	16.5	17.0

（平成29年版高齢社会白書）


者活動（みどり97会）などに関わり楽しく活動し、生きがい活動になっている。

活動は「無理せず、明るく、楽しく、元気よく」である。

要は、現役時代の活躍の再現を意識した〝捲土重来《けんどちょうらい》〟など考えず、現役時代の肩書は捨て、ヨコの関係を重視し、肩の力を抜いて軽い気持ちで入って来て欲しい。必ず気が合う人との出会いと地域での居場所が確約できる。

ここで平成29年版高齢社会白書から、「高齢者のグループ活動参加による効果：男性・女性」が参考になるので、表８に掲載した。

第3章　定年後は「楽しく」をモットーに

人生の満足度は人様々であるが、結果良ければすべて良しとしたい。ここではいくつかの満足度の充足、生きがいについて述べてみたい。

1　マズローの欲求5段階説

アブラハム・マズロー（1908〜70年、アメリカの心理学者）の「マズローの欲求5段階説」から学ぼう。人間としての成長を表現するのに、この5段階説がよく使われる。

この図1では、日本人の場合は、一般的に3〜4段階にあると考えられるが、そこで最終の5段階の「自己実現」を果たすことが人間として成長し、

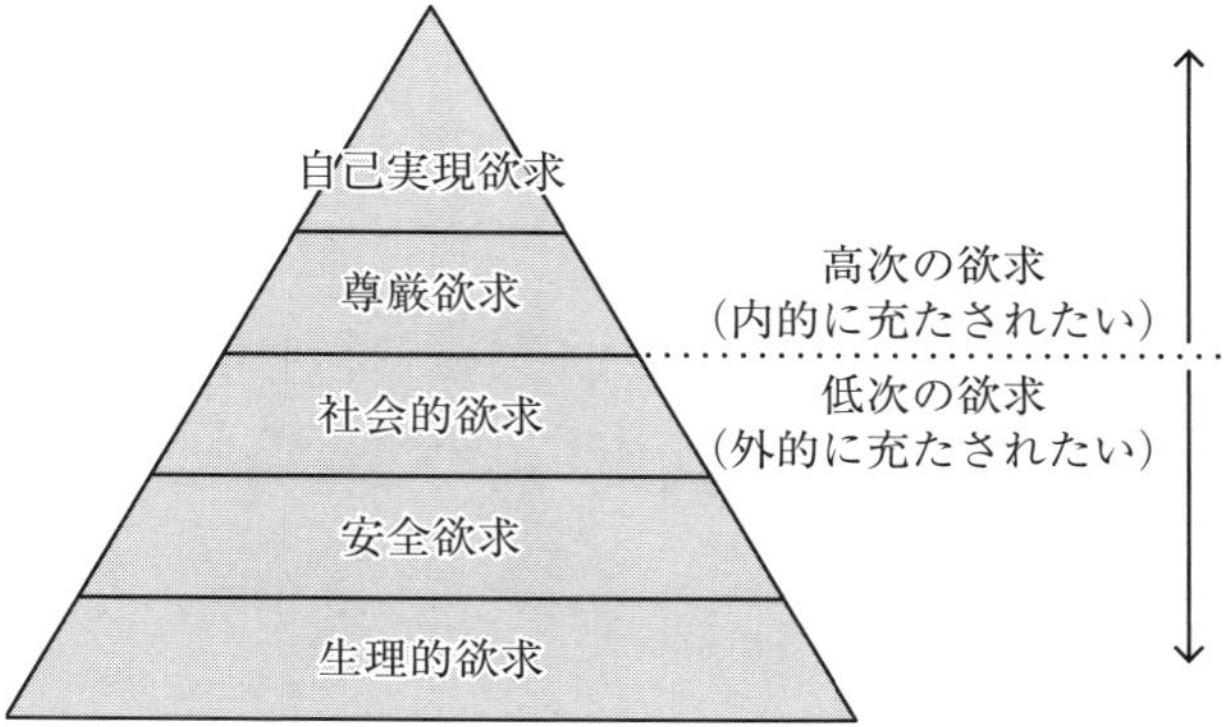

図1　マズローの欲求5段階説

個人的には生きがいと満足度が、向上することを表現している。

なお、生きることに精一杯で、１～２段階の厳しい国が存在することも念頭に置きたい。詳しくは個人で学んでいただきたい。

定年後の活動で、自己実現に向け、向上心を燃やす人がいる。

一方、第二の人生は楽しく健康で仲間との活動のみを望み、自己実現まで望まず満足する人も多い。

人様々であって良いと思う。

2　人生の生きがい度・やりがい度

もう一つの図2から生きがいや自己実現を考察してみよう。

この図は個人活動から集団活動に移り、活動が広がるに従って自己実現にまで達することを表現している。

大半の活動は「参加・能動型」で終わる人が多いと言われているが、団体・グループに関わっていることにより、「生きがい」を感じるようになり、自己実現を目指す活動に到達できる。

最初の第一歩は講座などを受講する「享受型」でスタートするのが一般的のようだ。参加の頻度が高まるにつれ、誰しも次元の高い方を目差したいものである。積極的な活動に楽しみとやりがいを覚え、仲間の増加と相まって「参加・能動型」に進展するものである。

最終段階の「自己実現」には一つの壁がある。これを乗越えるためには本人の意欲と、仲間の協力が必須である。

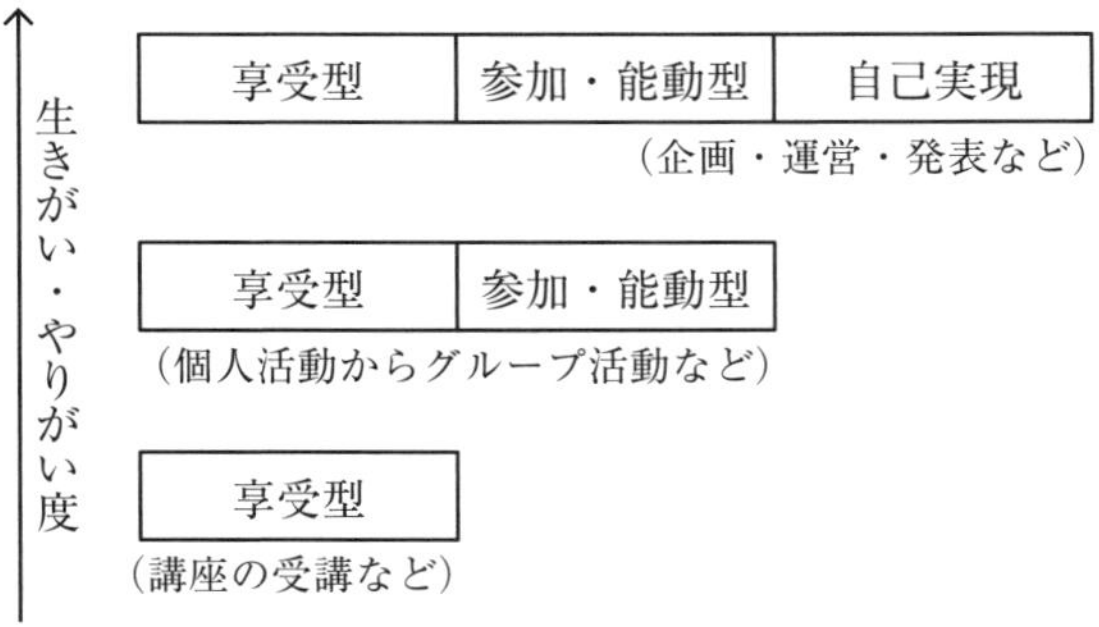

図2　生きがいや自己実現の達成段階

3　定年後の生きがいパターン

「仕事が生きがい」「仕事が趣味」と言った仕事人間だった人が、筆者の周りには多くいる。この人たちが定年を迎え、第二の人生を仕事以外の選択肢から、生きがいと感じる活動を選ぶのは容易ではない。定年以前からやりたい趣味があるとか、友人がいて地域に居場所がある人は、取り敢えず安心できる。

ここで定年後の「生きがいパターン」について説明しよう。

このパターン図、図３は、現役時代は仕事人間であった人が、定年後のセカンドラ

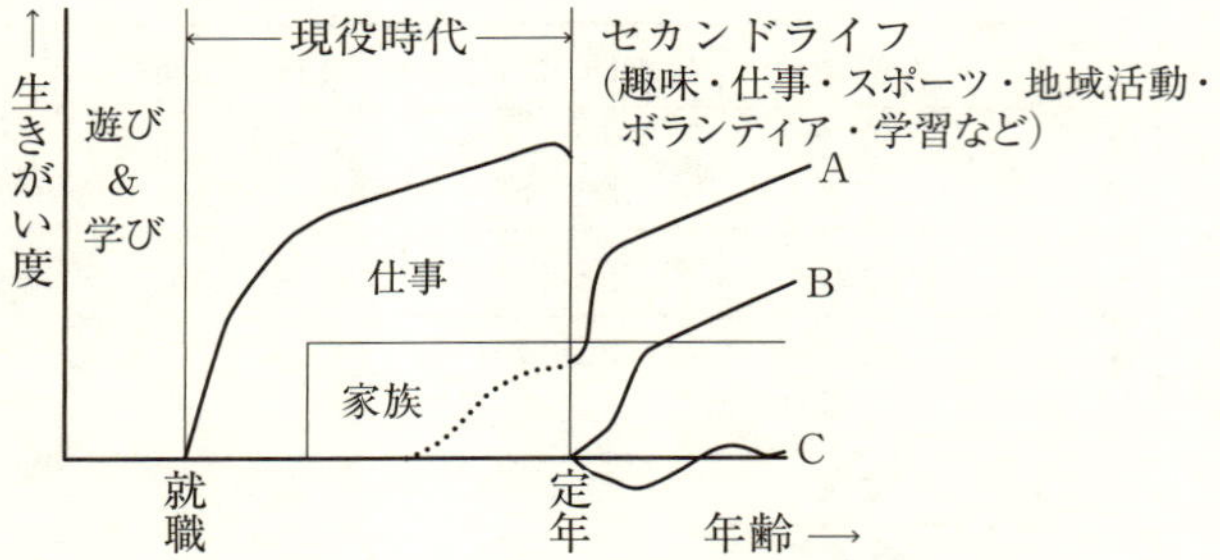

図3　ライフサイクルと生きがい

イフに入る三つの例を表している。

パターンAは、定年前に地域に居場所があるか、もしくは趣味でやりたいことがある人で、仕事をやめても、生きがいを仕事以外に振り向けられるタイプで理想形と言える。

パターンBは、趣味もなく地域のコネクションもないため居場所がない。ある期間後に、次の生きがい活動を見つけるタイプである。

筆者の場合も仕事が趣味と豪語していたので、紆余曲折もあったが地域活動（ボランティア）に生きがいを感じ現在に至っている。

パターンCは、趣味もなく地域の居場所も見出せずに、家に閉じこもり勝ちになるタイプである。

この場合の例としては、毎日家にいるために奥様を悩ませ「亭主在宅症候群」にさせたり、本人が体調を崩したりする場合がある。

この図は、極端な3パターンのみを表現したが、人様々でいくつかのパターンが描かれるはずである。特にパターンCになる傾向として、現役時代の肩書や仕事のやり方にこだわり、気持ちの切り替えができず、会社人間から脱却できない人に多い。すなわち、現役時代に役職など高い位置にあった方に多いと感じている。

地域に入り難い人（男性に多い）は、無理に地域活動にこだわらず、仕事分野に居場所を求めることもあって良い。

何度も言うが、少しの勇気と自己改革を行うことで、新しい自分が発見できる。

目標に向かってトライすれば必ず、楽しい第二の人生は実現する。あまり難しく考えず気軽にやってみて欲しい。

4　地域デビューしよう

女性の方は地域に友人が多く、誘い合って地域活動や趣味・スポーツのグループに入るのが一般的のようだ。

地域の知人に相談すれば、「そのことならあそこでできる、○○さんに相談すれば」などの返事がすぐに返ってくる。男性の場合なぜか時間がかかる。

現役時代は仕事という「媒体」を通じて、まったく初対面でも話ができるし、名刺交換で繋がりができる。しかし地域では渡す名刺がなく、共通のテーマを見出せないため、初対面の人との会話のキッカケが摑めない。ほとんどが挨拶程度で終わるようである。

「テーマ」があると、多くの男性は熱心に自分の意見を述べるようになる。

地域で使う名刺は前述（本書28ページ）の内容に、趣味などを書き加えると印象に残る名刺になる。パソコンをやっている人は簡単に自作できる。常に持ち歩けば初対面の方との交流に繋がることは、前述の通りである。

地域デビューにも方法はいくつかあるが、最も参加しやすいタイプは、行政などが企画した連続講座（３〜５回程度）に参加することである。講座参加者は一般的に女性が多いが、テーマによっては男性が増える傾向にある。

講座の場合は目的がはっきりしており、テーマに関心がある人が集まるため、知らない人でも話し合えば意気投合できる。

ここで大切なのは、主催者が講座修了後に、事後活動グループの結成に誘導することである。講座で知り合った参加者同士が、話し合えばサークル団体は容易にできる。団体やサークルができれば、地域活動に入るキッカケができる。

サークルなどが結成できないと、せっかく知り合えた人たちが、講座修了と同時に霧散してしまう。地域活動は個人ではなく、仲間との共同作業であり、グループ化が有利である。

地域活動を継続したい人は、可能ならサークル・団体の世話人・役員になった方が良い。行政などとの繋がりや、人脈と情報が増え活動しやすくなるからである。

横浜市緑区役所の場合は、生涯学習や子育て支援の連続講座で、講座修了後に自主活動グループを立ち上げている。ここで誕生した自主活動グループの参加者は、初対面同士であっても、講座中に顔見知りとなり、活動するテーマを話し合い、いきいきと仲間の輪を広げ楽しく活動できる。筆者も緑区生涯学級で多くの自主活動グループの立ち上げに関わらせてもらったが、地域デビューしたい人には有難いシステムと言えよう。

いろんな方法で、新しい活動者が生まれると、各団体に次代を担う人材として、団体活動の発展に期待が持てる。

自分から少し勇気を出して

前にも述べたが、女性は比較的地域に馴染んでいる方が多い。子供や学校関係での交流で、地域に自然に知り合いが増え情報も入ってくる。公園デビューや、今はあまり見かけないが、井戸端会議的な話し合いも情報源となる。

一方、男性の場合は、定年後に地域に知人が少ないため、誘い合って行動することはできない。男性はシャイな人が多いと言われ、地域に入る手がかりを掴めずに孤立する男性が目立つ。

名刺が通用する企業人としては一流であっても、上下関係がない地域社会に入るためには、自分自身が少しの勇気を出して行動する必要がある。

一般的に男性の場合、地域の生涯学習講座を受講すると、活発な地域女性の活動に圧倒されそうになると思う。ここで引き下がると地域に入るキッカケを失う。少し勇気を出して居座ることにした方が良い。

その結果として、参加した男性や女性とも知り合いができて交流がはじまる。そして新しい世界が始動することに期待が持てる。

シニア男性の参加が多い講座としては「地域の歴史講座・歴史散策」「健康ウォーク」「環境活動」「男性の料理教室」などで、これらを組み合わせた男性のための連続講座も見受けられる。

長年勤めた企業戦士は、地域に入る時に、何度も言うが、現役時代の肩書や考え方を捨てる勇気が必要だ。現役時代のタテ社会から、みんなが主役になれるヨコ社会が地域である。

地域活動では部下はいない。一緒になって活動しながら、現役時代のスキルを発揮すれば周りから信頼される。さらに地域課題や魅力発掘に活動を通じて寄与すれば、自ずから達成感ややりがいと楽しみが生まれる。

地域に入るキッカケ

まずは情報探しから入ろう。情報がある場所は都道府県市町村により異なるが、横浜市を中心とした情報源を次に示した。

ここでは主に地域活動の参加のキッカケづくりの、生涯学習を取り上げている。活発な活動を求める方には、「まちづくり」に関わることを推奨したい。まちづくり活動は幅が広く奥も深い。さらに専門知識の勉強になり、大学教授や専門家、行政との共同の活動により充実感が生まれる。

Ａ　横浜市の生涯学習、福祉、スポーツが楽しめる場所（平成30年横浜市暮らしのガイドより）

①市民活動・市民活動支援センターは18区に存在する。
②市内81の地区センターと117のコミュニティーハウスが横浜市にあり便利である。
③福祉関連の情報として、地域ケアプラザは市内に137ある。
④図書館は市内に中央図書館、各区図書館、県立図書館など19カ所がある。
⑤スポーツは多岐にわたるので目的によりプールの有無を含め確認が必要である。市内には37のスポーツセンター、スポーツ会館、テニスガーデン、弓道場などがある。

B　横浜市の市民活動、福祉活動など
①横浜市市民活動支援センター
②横浜市社会福祉センター
③横浜市社会教育コーナー
④道路などの清掃活動「道路局ハマロード・サポーター」
⑤横浜市老人クラブ連合会
⑥かながわ県民活動サポートセンター

⑦かながわ生涯学習情報コーナー（県立図書館内）

ここに記載したのは私が利用した施設などで情報源の一部にすぎない。実際に住んでいる地域を中心に行動を起こしていただきたい。横浜市以外は市町村直轄の施設や公民館などで情報収集はできる。

また、グループや市民活動団体などに入会したい場合も、前述の施設などで団体を紹介してもらえる。ボランティアや趣味団体、ＮＰＯ法人など多岐にわたる情報があるはずである。

近所を歩こう　時間と場所を替え好奇心でさがす

住まいを中心に半径1～2キロを歩いてみよう。朝、昼、夜そして曜日を替えて、さらには時間差で歩くと、自然に住んでいる町が見てくる。

事前に地域の地図（行政などで発行しているマップなどを入手）や、ウォークマップがあれば持って歩くと頼りになる。車では十分な情報が見えてこないので歩くことだ。自転車でも構わないが階段が登れないので歩きが一番である。

早朝に道路、公園、神社境内などを清掃している人や、団体に会うこともある。昔道を歩くと庚申《こうしん》塔や地蔵、道祖神、地神塔《じしんとう》、馬頭観音などの石仏に出会うこともあり、新しい発見で胸が躍る。

そして自分が住んでいる町に愛着を感じてくるだろう。好きになると、さらに好奇心が湧く。地元の歴史研究にはまって「野仏《のぼとけ》マップ」を作成するのも楽しい。

毎日同じ時間に出歩くと、愛犬の散歩の方と顔馴染みにもなれる。ウィークデーでは朝8時前後と、午後3時ごろの小学校児童の登下校時に、見守りを行っている保護者や老人会、地域の方やPTAの方にも出会える。これらをチョッと手伝ってみようかと考える気持ちにもなる。

ちょっぴりの地域貢献としての地域活動は無限にある。

朝9時前後や夕刻には福祉施設などのデイケア送迎車に出会う。車の運転が好きな方は、近くの地域包括支援センターや地域ケアプラザ（横浜市の場合）で、「送迎車」の運転の手伝いも歓迎される。朝、家庭ごみ集積所で掃除している人、道端の草刈りや掃除をしている人に出会ったら、「ご苦労様」と声をかけてみたい。

日中や夕方から夜にかけて、防犯活動のグループにも出会うだろう。鴨居4丁目では「わんわんパトロール」と称して、多くの愛犬家が「防犯」の腕章をつけ時間を問わず歩き回る。防犯活動を長年実施し表彰も受けている。

情報は住まいの近くに多くあるが、意識しないと情報と感じない。行政などが発刊している広報紙も意識して読むと、自分がやってみたいテーマや、課題を見出せる。地域活動に入るキッカケは、自分自身の意識改革から始まると言える。

第４章　地域活動は楽しくやろう

１　地域活動に持ち込めないもの

何度も言うが、地域活動に現役時代の肩書や名刺はいらない。ただ初対面の方に会った時に渡す、住所・氏名・電話番号・メールアドレスなどを書いた名刺はあった方が良い。

必要なのは、やる気と感謝の心があればよい。さらに現役時代に習得したスキルを適時に出せば仲間から重宝がられる。初めて出席した会合などで意見は述べても良いが、頼まれないのに勝手に仕切りたがる人を見かける。これらは仲間に好感を与えない。

慣れるまでは自我を出さず、「郷に入れば郷に従え」が無難に地域に入るコツであると思う。

地域では、企業のように指示だけでは、人は動かないし協力は得られない。団体の組織運営の観点から、代表や会長になる場合もあるが、これらは極力総意で決めた方が良い。

大学教授、学識経験者、その分野の専門家、地元の有力者、情熱家の人が会長、世話人やリーダーになる場合が多いが、会長に推挙されても偉いわけでもない。全員が平等の精神で協力することが運営をスムーズにする。

地域では時間をかけ多くの意見（男女・高齢者・若年者）を聞き、合意形成に持って行けば、効率的で成果も見え充実感が得られる。さらには地域の他団体とネットワークを持つと将来の発展に寄与できる。

2　人生は楽しく面白く

何事も受け身で行うとつまらない。時にはストレスをも感じて嫌になることがある。特に定年後の活動は楽しくやりたい。会話の中でよく「今さら」とか「年だから」と口にして、尻込みをする場面を垣間見る。

それらを「今から」「今が一番若い」と言い換え積極的に取り組めば、活動が楽しくなるものだ。活動を通じ自分が知らなかったことを学び、体験して行けば毎日が面白くなってくる。

それには未体験分野に、チャレンジ精神でまず取り組んでみることが大事だと思う。要は好奇心を持つことだ。

役員を２年で交代する団体があるが、この２年間を嫌々務めた場合は、任期を早く終えたい気持ちで、アイディアも出てこない。指示待ちの活動が主で成果も余り期待できない人もいるが、意識して活動に取り組み、地域から信頼される人もいる。

２年間の任期を果たしても、真剣に取り組んでこなかったのでは、本人にも何も残らない。これを何年も繰りかえしていると、その団体そのものや地域の発展が危惧される。

せっかく活動の一部を担うことになるのなら、集中して自分が主役の気持ちで取り組みたい。そうすれば情報も集まり、ノウハウも習得でき、仲間から信頼され、やりがいも生じ作業が面白くなるのだ。また自己研鑽にも通じ地域の発展や、改革に寄与できると考えられる。

3　仲間との連携と協働

自分一人で行うより、仲間と一緒の活動の方が何事でも継続しやすい。仲間には自分が持たないノウハウや、スキルを持っている人がいることが多い。さらに活動に当たっては現状を把握しながら、将来や目標を認識しての活動と、若い人材の参加を誘うことを常に意識するのが肝要である。

活動内容は自治会町内会活動の他、福祉・まちづくり・環境・防災防犯・児童見守り・子ども食堂・国際交流・趣味活動など広範囲にわたる。

その団体活動の全体、または一部を協働型にすることで、活動を工夫すれば地域貢献活動に変身する。例えば、「鴨居まち研」（後述）で行っている万華鏡やビニール凧《だこ》作りは、保育園・小学校や老人施設で行うと地域・社会貢献になる。

協働先は行政、鴨居地域ケアプラザ、鴨居連合自治会、活動諸団体、企業、学校などと条件整備が整えば成立する。

協働の活動で、普遍性、公共性、先進性が生まれ、地域の課題やニーズ解決の一助となり、事業継続が比較的容易になろう。併せて、地域の魅力を増幅させる効果もある。

4　地域で青春しよう

『「青春」という名の詩』（宇野収・作山宗久著、産能大出版部）にサミュエル・ウルマン（詩人）の「青春」の詩が紹介されているのが目に留まった。

青春とは人生のある期間を言うのでなく、心の様相を言うのだ。……年を重ねるだけでは人は老いない。理想を失う時にはじめて老いがくる。

の一節に心を打たれた。高齢者であっても地域で「青春」しようと決めた。要は「夢」を持つことである。

地域には千差万別の職業や考え方の人がいる。さらには幼児から子ども、学生、男女、現役のサラリーマン、自営業、高齢者などがいる。まさに異業種集団が地域を構成している。このような地域に定年退職後に入って活動するには、ある程度のやる気とキッカケが必要だが、知人の紹介の場合は地域活動に入りやすい。

地域では企業の現役時代に得られなかった文化や、若年者、異性との出会いが出てくる。時には戸惑い、恥じたり、驚き、感動することがよくある。言い換えれば毎日が「学び・楽しみ」と考えるのがよい。地域にはその道の達人がいる。頼めば快く教えてくれるのも地域の特色だと思う。

地域で現役時代を忘れて、思い切って活動に取り組めば、新しいもう一人の自分が発見できる。

自分の若い時代と、今の若者の時代は大きく変化している。「十年一昔」の言葉があるが、昨今では「五年あるいは三年一昔」かも知れない。従って、以前学んだ科学・医学・化学・環境などの知識、従来の常識が通じないことも出ている。

地域談義を聞くだけでも有意義である。意見を述べても良いが、自分より知識・体験に優れた方がいる可能性も高いので、決定的な意見は控えた方がよいと思う。

後述するが、子ども達にオモチャ（万華鏡・ビニール凧など）づくりを教えている時に感じることがある。紐を結ぶことができない子が多いことだ。昔は風呂敷が基本で、幼いころから結び方を教わった。今は袋物が多いし、止めるのはセロテープを使用するので、結ぶ作業は日常的に減少してきたためだろうか。一方、子ども達は「絵」は上手に描く。アニメであったり人気のイラストは見事だ。

また、ある学校に「コマ回し」を教えるために訪問したが、児童に教える前に、まず先生に教えて欲しいとのことであった。若い女の先生はコマ回しなど初体験だそうだ。10回くらいの練習で何とか習得してもらった。

関わっている鴨居原市民の森愛護会で、「森であそぼう」というイベントを毎年5月に開催するが、子ども達は竹馬にほとんど乗れない。それを見ていた父親がトライしたが、初体験者はバランスを取るのに苦労していた。乗り方を教えると親子に笑顔が戻り楽しんでくれた。

以上述べたのは一例であるが、このように世代間交流ができるのは、地域交流の素晴らしさであると考える。

地域活動は、体力は衰えても気力で「青春」が演出できる最高の居場所でもある。

5　地域のボランティア活動アレコレ

ボランティアの意義にはここでは触れないが、地域活動に関連があるボランティアの心構えなどについて記したい。

ここで言うのは自主性、自発性、すなわち自分の意思で、無償で行う活動である。「なになにをしてあげる」のでなく、地域の仲間と一緒になって行う協力者である。

初めての場合は、自分にできること、やりたいことから始めよう。無理しては継続できなくなる。それでは、一般的な地域ボランティアの種類について述べてみる。

①社会福祉関係――高齢者・子ども支援、生きがいづくり、食事会・見守り、送迎支援、居場所づくり、孤食対策、手話支援、安否確認、社会福祉協議会連携、身体障害者（中途）サポート、高齢者宅サポートなど。

②まちづくり関係――催事開催、地域おこし、住民交流、異世代交流、交通安全、伝統文化継承、空き家・空き店舗・シャッター街・ゴミ屋敷対策、公園整備、健康活動、自転車置場対策、ＮＰＯの立ち上げ、自治会町内会との連携、団地の管理組合・老人会支援など。

③環境活動関係――緑地保全、自然観察、美化活動、植樹、耕作放棄地対策、ゴミ問題対策など。

④子ども関係――子どもの貧困、子どもの食事提供、学習支援、登下校の見守り、子ども会、いじめ問題、学童保育など。

⑤防犯・防災関連――防災訓練、復興支援、パトロール、炊き出し訓練、飲食物の備蓄、広報活動、避難者受入訓練、安全確認、防災マップ、洪水ハザードマップ、防災拠点運営、帰宅困難者対策など。

⑥国際交流関係――日本語の学び場・交流の場づくり、異文化交流、留学生支援、食糧援助など。

等々、限りないほどの活動が存在する。前述したが、筆者は自治会、まちづくり、環境、防災、福祉関係の一部に関わっている。

第５章　地域活動のポイント

１　地域活動の５Ｋ

ローマ字で頭文字のＫを集めたものである。約20年間の地域活動でこれを基本に実践してきた。

「感謝・好奇心・公平・交流・健康」の五つである。若干解説を加える。

感謝

常に感謝の気持ちで付き合うと親しい友人が増える。現役時代に高い地位で活躍した人も、地域では新入社員を自覚しよう。「実るほど頭を垂れる稲穏かな」である。実力があっても威張る必要はない。むしろ控えめの方が仲間に恵まれるし、困った時に力を貸してくれる。

「出る杭は打たれる」の言葉があるが、地域では「打たれる杭」「育てる杭」「放置する杭」を見分ける必要がある。

育てる杭を見極めるには難しい面もあるが、地域の活性化につながる杭になりえる。

好奇心

心の若さの表現であると思う。未経験のこともチャレンジしよう。きっと仲間が手ほどきしてくれる。ダメ元でトライすれば、新しい自分を発見することも可能だ。

いくつになっても「今から」「今が一番若い」の考え方でやってみるのが面白いと思う。青春しよう。

要は、常に目標・夢を持つことである。

公　平

地域はヨコ社会で上下関係はなく、部下もいない。全員が平等である。従って横一列なので誰でも主役になれる。しかし団体活動ではまとめ役として、便宜上、代表や会長を置くことになる。業務の都合上、副会長、会計、監査、事務局、理事なども必要になる。

これらの役は推挙されるのが一般的で、地域の小集団では選挙はなじまないと思う。また、役職を私にやらせろと言う人もたまにいるが、そういう人が役につくと、会員の協力度合いが芳《かんば》しくないのを経験している。

交　流

大きな情報源になりうる。ここで言う交流とは団体内での交流でなく、他の団体、行政、学校、自治会町内会との交流を意味する。少なくとも地域に活動を定着させるには、地元の自治会町内会との交流は不可欠と考える。

団体内の情報のみでは「協働」が困難だけでなく、情報が枯渇し団体の発展性に期待が持てなくなる。これからの地域活動は「協働事業」が多くなると考えられる。活動に未来志向を加え、自治会町内会、学校、企業との協働であれば、自然体で地域貢献も可能である。

健康

地域活動に関わると多くの人と接し、自然に体を動かし頭も使う。個人活動では、少しでも気分が優れないと辞めてしまうが、団体活動では皆が待っていると思うと、つい出かけることになり、体調も不思議に維持できてしまう。

親しい仲間であって遠慮のいらない間柄でも、ある程度の緊張感を持つことが身体・頭脳の健康維持に効果的だと感じる。

要は、仲間と一緒に活動している人たちは、みんな元気があり、年齢も10歳ほど若く感じる。３カ所以上の団体に関わっている人は、ひとつの団体で活動する人より、認知症になる人が少ないと言われている。

2　地域はヨコ社会

何十年も会社勤めをやって来た企業戦士にとっては、地域のヨコ社会にはしばらくは馴染めない。企業も地域活動もそれぞれの目的を持って活動するが、地域では指示命令や、上意下達《じょういかたつ》はない場合が多い。仲間で話し合って決める場合が多いからだ。

大きい事業や新規事業は総合力が必要である。総合力の発揮には、関係者の合意形成が条件になってくる。

ある団体を立ち上げた時に、会合で役割分担を行った。Sさんに「印刷担当をお願いします」と言ったところ、「私が印刷をするのか？」と嫌な顔をした。「では、一緒にやりましょう」と言うとホッとした顔になった。作業中に私に言いに来た。「実は私は印刷機を使ったことがないので」と。その方は元銀行の支店長で、コピーや印刷などは全て部下がやっていたらしい。

Mさんは、発想が多岐にわたり面白い意見を述べる人であるが、自分の意見が認められないと、大きな声を出す人であり、自然と孤立化し会に参加しなくなった。

静かな物腰の女性Hさんの場合は、「私は何もできないが、会場手配とお茶を担当します」と言ってくださった。毎月の会場手配はなかなか面倒であり、会としては大助かりである。

地域の人達は多士済々である。偉そうな口を利くと、専門家がいてピシャリと言われてしまうこともある。相談すると懇切丁寧に教えてくれるのが、地域の良さであることは前に述べた。

地域活動では自分にできないことを、無理してやる必要はないが、チャレンジすることにより、自分が知らない面を体験し学ぶことができ、新しい自分の発見にもつながる。

地域では仲間の信頼が得られれば誰でも主役になれる。楽しく面白い人生が送れるのは自分の意思次第と思う。

地域の特色を活かす

義務感より「楽しさ」を優先

永年勤めてきた企業人であれば、何事も責任感、義務感が体に染みついている。しかし地域活動で第二の人生を生きるには、「楽しさ、生きがい」を優先したい。楽しくないと活動の継続は難しい。ただし無責任では信頼が得られないのは明白である。

地域活動に現役時代と同じような評価や称賛を得ようとする〝乾坤一擲《けんこんいってき》〟や〝捲土重来〟を期するより、「楽しく、仲良く、元気良く」で、緩やかな活動をして行きたい。

トップダウンでなく自主性が大事

地域活動を推進発展させるために、会の代表などが主導的に提案するが、最終的には会員による合意形成が必要である。

地域の課題解決や、会の目標を果たす手段にはいくつかの手法があり、会議などで決めればよい。

決定事項は全員の力を結集すれば良い結果が生まれる。主役になった人は自己実現につながる。

地域の異業種集団の強さ

地域で何人かが集まると、多種多様のスキルを持つ人がいる。新規事業の場合に必要なのは、「資金、ノウハウ、人材」である。特にノウハウは重要であるが、地域は何らかの専門家がいて役割を買って出てくれる。さらに関連情報の提供もあり、無難に成功する可能性が高い。

三人寄れば文殊の知恵

この言葉どおりである。地域おこしや、まちづくりには「若者・よそ者・ばか者」が欠かせないと言われている。話し合えば、実現可能な素晴らしいアイディアが出る。地域には潜在能力を秘めている人、知識人、専門家がいて力を貸してもらえる。新規事業や少し大きな事業には、意見交換に時間をかけたい。

地域に現役時代の肩書や風習を持ち込まない

地域は、何度も触れているがヨコ社会である。みんなが平等で活動できる良さを持っている。

この平等の精神は常に持っておこう。出して欲しいのはスキル・ノウハウと労力である。ある人の話は常に「上から目線」で、仲間からひんしゅくを買っている人もいる。また、みんなの前で自分を褒める人もいるが、成果は他人の評価で決まることを心して欲しい。

地域・社会資源の活用

地域資源には自然、観光、文化、特産品、町おこしなどがある。社会的資源は施設、制度、集団・個人のスキル、資金、機関などが考えられる。

市民活動団体「鴨居まち研」の活動拠点の一つは、社会資源のＪＲ鴨居駅である。年3回「鴨居エキコン」を開催したり、鴨居駅自由通路の「清掃活動」を毎日曜日に実施している。これらの事業を15年間継続している。

鴨居商栄会では、鴨居連合自治会の協力で、平成28年から「鴨居桜まつり」を開催している。この場合も地域資源である、緑区制30周年記念植樹の桜並木を活用している。

この催しには、鴨居はもとより、鴨居駅を利用する多くの方々に来ていただき、毎年1万人以上の来場者で賑わい、鴨居地域の活性化に繋げている。

鴨居原市民の森愛護会（後述）では、荒廃したゴミの森を整備し、地域資源として活用し、年間約1万人が利用する森に変化している。

いま日本の各地で地域資源を活かした、地域おこしなどが盛んに行われている。まずは小さいことからスタートする行動が賢明だと思う。

遠くの親戚より近くの他人

少子高齢化と核家族化で孤独化が進んでいる社会の中で、必要なのは、「向こう三軒両隣」である。そのためにも日頃のお付き合いが重要に感じる。地域活動も同様で、地域に親しい友人がいたり、団体に参加して得られた友人とは、会う頻度を高められ、相互協力や助け合いが生まれる。

地域の自治会町内会や社会福祉協議会、民生委員・児童委員とも交流を重ねれば、いざと言う時に力を貸してもらえる。妻が体調を崩した時にはお世話になった。地域と仲良くすることで団体の事業もスムーズに推進できる。

高齢者が地域で活動している状況を、平成29年版高齢社会白書より抜粋して表9に紹介する。

表9　高齢者のグループ活動への参加状況（複数回答）

項目	平成15年	平成25年	傾向
参加したことがある	54.8%	61.0%	＋6.2%
健康・スポーツ	25.3%	33.7%	＋8.4%
趣味	24.8%	21.4%	−3.4%
地域行事	19.6%	19.0%	−0.6%
生活環境改善	9.1%	9.0%	−0.1%
高齢者の支援	4.8%	6.7%	＋1.9%

（内閣府調査より）

このように高齢者は地域活動に関心が高いことが分かる。

地域活動も個人的な活動（特にスポーツや趣味の部類）も、その人にとっては大事な活動であるが、継続性や発展性を考えると、いくつかのサークルなどの団体に所属することにしたい。

成果が期待できると同時に友人が増え、急増してきている認知症の発症を、ある期間遅らせることになると言われている。

ここで表10をご覧いただき、グループ活動の効果を再認識していただきたい。このように、グループに参加した人は新しい友人ができたり、生活に充実感を感じている。男性より女性の方が意識が高いのは、グループ活動

表10　グループ活動の効果

	項　目	総数%	男性%	女性%
A	新しい友人を得ることができた	48.8	44.6	52.4
B	生活に充実感ができた	46.0	41.7	49.6
C	健康や体力に自信がついた	44.4	41.7	46.6
D	お互いに助け合うことができた	33.9	30.0	37.2
E	地域社会に貢献できた	27.5	32.7	23.1
F	技術、経験を生かすことができた	20.5	21.7	19.4
G	社会への見方が広まった	16.8	16.5	17.0

（内閣府調査より）

の特徴であろうか。地域活動に馴染んでくると、社会貢献が増えると考える。

活動の継続は「楽しみ」が原動力

「継続は力なり」とよく言われている。地域のグループ活動は「無理なく、仲良く、元気よく」そして「学び」がある。80歳を超えても仲間が行う活動に感動し、教えを乞うこともしばしば体験する。

活動の継続により地元に人脈が厚くなり、活動の協力者が増えてくる。市民活動団体も団体自体の活動に加えて、地元自治会町内会および行政、企業、学校などとの「協働」ができれば、活動の幅が拡大し、資金調達、地域社会貢献度が高まる。

当然、団体が活動の幅を拡充するためには、ＮＰＯ法人化が必要になろう。ただし筆者が関わる団体（鴨居まち研・市民の森愛護会）は、地元定着型団体で知名度は高く、ＮＰＯ法人化せずとも活動は安定し、後継者も育成され大きな問題もなく継続している。その団体の活動内容などは、第８章で詳しく述べる。

グループ活動は無理なく、仲良く、元気よく

グループを立ち上げることは、情熱、勢い、そして世話人を引き受ける人がいる場合、比較的容易に行うことができる。

団体・グループを運営して行くに当たり、いくつかの課題が出てくる。これらに適切な対応をして行けば、活動する仲間も増え、地域でも認められるようになり発展へとつながる。その課題とは、

①資金である。どのように資金を集めるか。会員からの年会費、寄付金、活動によっては助成金や協賛金を得ることができる。あるいは物品の販売益も考えられる。活動目的が社会貢献であれば、助成金などを比較的

受けやすくなる。

②メンバーの高齢化は必ず発生する。常時新しいメンバーの加入に注力することが大事である。会員増強のためには行政や自治会などに関わっていけば、有効な情報を得られるケースもある。

③活動拠点を持つことも継続の要素である。拠点は建物や公的施設であったり、森や耕作地などがある。

④団体の広報活動も継続によい結果をもたらすと思う。ホームページや会報の発行などである。

⑤最終的には、会費を払って活動するのだから、「活動が楽しい」ことに尽きるのでないだろうか。楽しみと和気あいあいが演出できる、飲み会も良しである。決して無理をせず、集まった仲間のスキルと、ノウハウを生かしながら仲良く、将来の夢を描いてお互いに学び合う姿勢があれば、その団体は継続し発展していくと考えている。

第６章　仲間づくりと活動の継続

１　グループの活性化

団体を結成すると４～５年は継続できるが、10年継続する団体は半数を割ると言われている。

原因は多々あるが、その地域やテーマなどに左右されるので、一概には言い切れない。ここで継続性について発展性（活性化）と、阻害要因について図４で考察してみる。

団体の継続阻害要因で多いのは「会員の高齢化」と「新しい会員が入らない」である。そのために運営が厳しくなり必然的に解散の時期を迎える。で

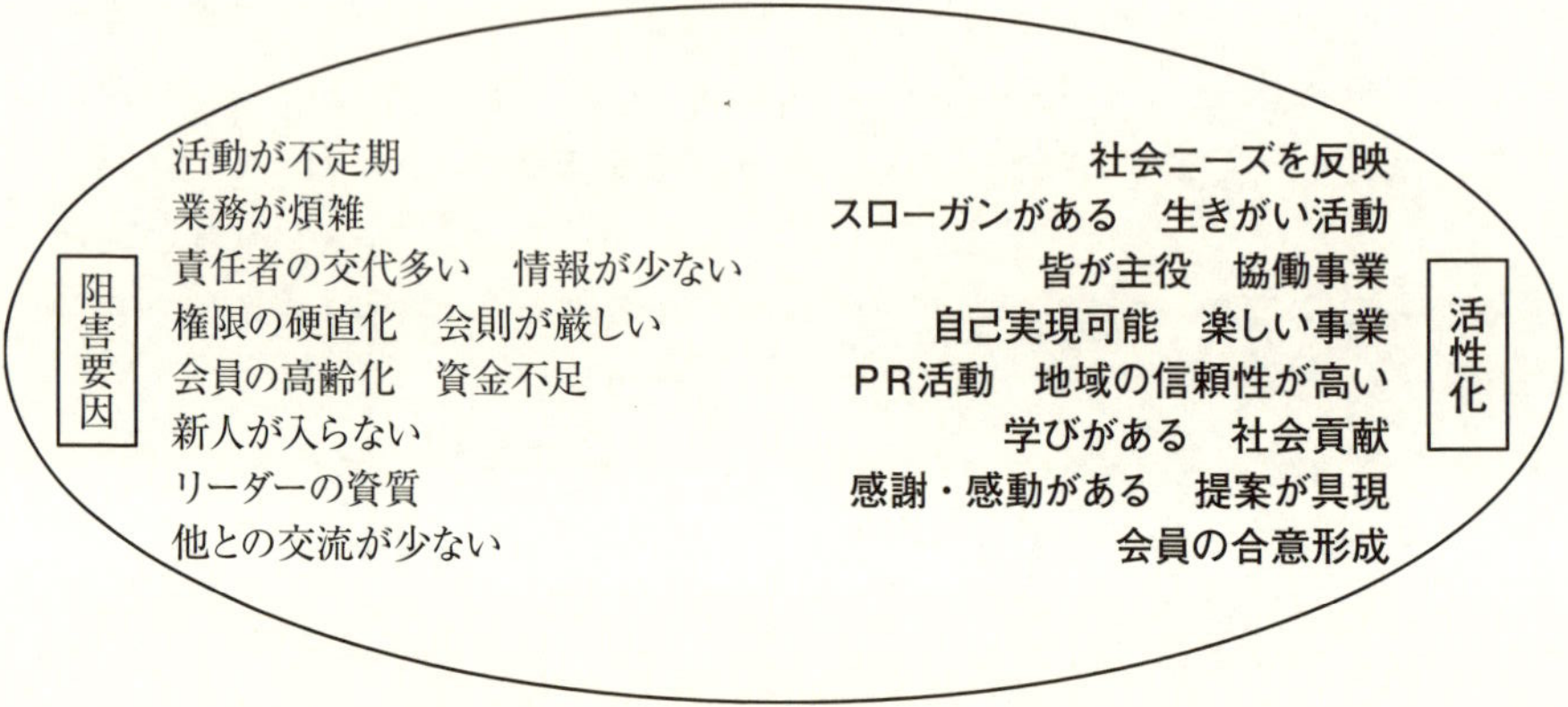

図4　グループ活動の阻害要因と活性化要因

は、どのようにして新しい会員を増やし、団体を活性化して行くかがカギとなる。図の右側の項目が具現化して行けば、新会員も増え団体の継続の可能性がでてくる。時間をかけての取り組みが必要であろうと思う。

２　リーダー・会員の心得

リーダーとは会の代表、会長、世話人と呼ばれる人で、まとめ役の役職である。会の規模が大きくなるに従って結構忙しい。会長を名誉職に任じた場合には副会長か事務局長が忙しくなる。特に協働事業の場合は、行政および他団体などとの連絡報告、申請などの書類作りに時間を取られることがある。

リーダーシップについて

求められるリーダーシップ

インターネットで調べたリーダーの条件とは、自信、決断力、社交性、活動性（エネルギッシュ）、責任感、信頼性、統率力、情報力、資質、能力、力量が必要とある。これらは確かに必要と考えるが、全てを満たす人は少ないと思う。

実際に会を運営する場合、会長にできないことや不得手なことは、会の副会長や事務局に委ねることでカバーできる場合が多い。特技がなくても、人間性に富み、信頼性が高く、情報力がある人物なら、会をまとめられるであろう。

鈴木啓三氏の著書『定年からの生きがい革命』（海竜社）には、

＊みずから得意分野、専門分野を持つこと

＊人格的に温か味のある人

＊遊び心を持っている人

と述べており、鈴木氏も人間性を重視している。筆者は、臆病であり特技も持たないが、人間関係だけは重視してきた。

リーダー（世話人）としての心得

リーダーは常に将来を考え、全体を公平に見るバランスが大事と思う。専門分野はそれぞれの担当に任せればよいが、情報だけは常に把握しておく必要がある。リーダーが、ある物事に集中してしまうと、全体が見えなくなってしまうので注意を要する。常に全体に気配りをして欲しい。

心構えとしておきたいことは、「資金情報（助成金を含む）に関心を持つ」、「広報活動（人材募集に効果）」、「会員の融和（事業の活性化）」、「時代のニーズ・変化をみる（地域の信頼につながる）」などであろう。

会の継続発展に欠かせない一つに、行政機関、自治会町内会、商店会、他団体、学校などとの繋がりがある。これらは日常的に行っていくことで醸成されていく。活動が協働化の傾向にある場合は、特に、リーダーとして心がけたいことである。

リーダーとして以上の条件が満たされなくとも、情熱と人間関係への配慮を持ち合わせれば、普通のサラリーマン卒業生（現役でも）にも、十分務められることは言うまでもない。筆者の体験と知る範囲であるが、自分からリーダーになりたがる人物に、例外もあるが、一般的には人望は集まらないようだ。要はバランスが取れた人間性に尽きると考える。

リーダーの交代時期（任期）

リーダーもある時期には交代が必要である。いずれにせよ適任者探しと、後継者育成ができていないとバトンタッチに至らない。任期については団体により異なるが、10年またはそれ以上在任するタイプを「マラソン型」と言う。また、規約で代表は2年交代制の会もある。このように短期に交代するのを「駅伝型」と呼んでいる。

どちらもメリット、デメリットがあるが、それを意識して運営すれば支障は克服できると思う。

リーダーにとって後任者の選定は、常に念頭に置いておかねばならない事項である。

筆者が関わって立ち上げた「会」では、いずれも「マラソン型」で7年、10年を務めさせていただいた。長期の場合は運営がマンネリになったり、派閥ができたりしていないか、時代ニーズへの対応などを意識して、改革しなければならない。さらに日常的に新会員の入会促進と、新会員に対するフォローアップがあれば、問題なく新会員も定着し発展できると考える。

メンバー（会員）の心得

まず、会の「目的」や活動の「ねらい」などをよく理解することである。

会員もいろいろ

会員には各種の会員が存在することを許容しなければならない。毎回参加する「主役会員」、時々参加する「ご都合会員」、ほとんど参加しないが、たまに出てくる「ユウレイ会員」、活動には参加しないが趣旨に賛同し、年会費を出してくれる有難い「会費会員」、作業はほとんど行わず、口が達者で地域の居場所として「会」にぶら下がっている「コウモリ会員」などが存在する。

いずれの場合も「年会費」を支払ってくれる大切な会員である。仲良く活動したいものだ。

役割を担う

会員は何らかの役割を担うことが、「会・本人」の継続のポイントになる。せっかく会員になったのであれば、活動に「やりがい、生きがい」を感じるように行えば、自然と親しい仲間が増えると思う。中には「楽し」ければ

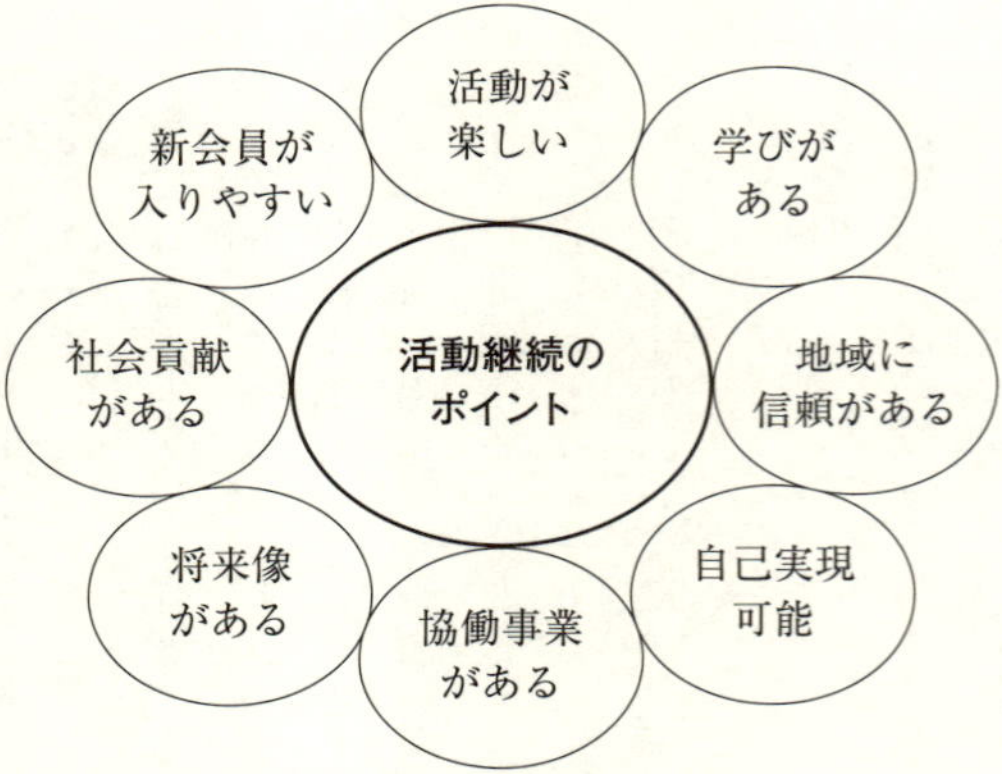

図5　活動継続のポイント

自己実現を好まない人もいるので、これは本人次第である。大きな役割でなくても、自分にできる役割を受け持てばいい。自分の意思で意欲的に活動すれば満足感と達成感が得られる。

グループ活動継続のポイント

前記のグループ活動の継続は、活性化で述べた通りであるが、図５に参考のためにまとめてみた。

さらに追加すると、

＊熱心なリーダー格の人が何人かいる。

＊新会員でも活動に馴染める環境

がある。
＊時代の変遷に即した活動と世代間交流がある。
＊活動に広がりと夢が持てる。
しかしながら、理想形を求めてばかりいると、会の発足や運営が杓子定規になりかねない。できるところから始めて、理想形に近づけて行くのが現実的と思う。

併せて必要なのは、緩やかな「会則」を定めておくことである。

第7章　健康でいきいき人生

地域活動を継続するためには「健康」が第一である。健康に関する事業や講座、サークルは全国各地どこにでも存在している。自分自身が自覚して取り組んで継続していただきたい。

特に平均寿命や健康寿命が短い地域では、住民の意識向上策が必要だ。近年は健康寿命をテーマとして取り組んでいる県が見受けられ、健康寿命が延びたと報じている。

このような啓蒙運動と併せて、具体的な活動を個人的に行っていくと良い結果が期待できる。

1　健康について

平均寿命・健康寿命

厚生労働省「平成29年簡易生命表」（平成30年7月20日発表）によると、平均寿命は男性81・09歳、女性87・26歳である。平均寿命は年々延びてきている。一方、「健康上の問題がない状態で日常生活が送れる期間」と言われる健康寿命は、男性72・14歳、女性74・79歳であり、平均寿命との間に差が出ている。今後はいかにして、各個人および行政機関の協力で健康寿命を延伸させるかが重要である。

生活習慣病

日本生活習慣病予防協会の資料によると、主に食生活の問題・運動・休養不足・喫煙・飲酒・ストレスなどで発症すると言われている。生活習慣病の代表格は糖尿病であり、患者数はわが国に８９０万人と推定されている。予備軍を加えると２２１０万人とも言われている。

これらは、将来重大な健康障害になる可能性があり、早期発見・早期治療が急がれている。詳しくは「健康日本21」を参照されたい。

メタボリックシンドローム

メタボリックシンドロームとは代謝症候群のことで、運動不足や肥満などが原因で、生活習慣病の前段階の状態を言う。判断基準は、腹囲が男性85㎝以上、女性90㎝以上で、空腹時血糖、中性脂肪の数値が示されている。各自が管理しやすい項目として、BMIチェックがある。BMIは、

体重（kg）÷身長（m）÷身長（m）で示される。

18・5〜24・9が正常である。25以上は「肥満」、18・5以下は「痩せ」と判定されるものである。自分の標準体重を知りたいときは、22×身長（m）×身長（m）で算出できる。

ロコモティブシンドローム

これは、運動器の障害のために、移動機能の低下してきた状態をいう。いつまでも、自分の足で歩き、運動器を長持ちさせて健康寿命を延伸させる必要がある。詳しくは「健康日本21」などの資料を参考に、各自で学び実践す

ることが健康維持につながる。

2　健康の三要素

健康の三要素は栄養（食べる）、運動（体を動かす）、休養（体を休める）と言われている。もう一つ追加すれば「社会参加」である。

栄　養

平成17年6月に厚生労働省と農林水産省が決定し、平成28年に改正している食生活指針の要点は、「食事バランスガイド」で、この資料は全国の保健所などで入手できる。是非ご自分の健康維持のために見ていただきたい。全国健康保険協会が「生活習慣改善10カ条」を出している。参考になるので記載する。

その一　運動―適度な運動を毎日続けよう

その二　たばこ―今すぐ、禁煙を！

その三　食事（塩分）─塩分は控えめに
　1日男性9ｇ以下、女性7．5ｇ以下
その四　食事（脂質）─油っぽい食事は避ける
その五　食事（肉よりも魚のすすめ）─主菜は「肉より魚」を心がける
その六　食事（野菜）─野菜をたっぷりとる
その七　飲酒─お酒はほどほどに
その八　歯の健康─毎食後歯を磨こう
その九　ストレス─自分に合った方法でストレス解消
その十　睡眠─規則正しい睡眠で十分な休養を
となっている。詳しくは関係先やインターネットで調べられる。

運　動

厚生労働省が推奨している「健康日本21」では、誰にでもできる手軽な健康づくりの運動として、ウォーキングを勧めている。一般的には1万歩が定着しているが、「健康日本21（2次）」では表11の歩数を目標としている。

65歳以上の高齢者でも元気な人が多いので、体力などで差が出る。あくまでも目安として知っておく必要がある。

また、健康維持増進のために、スポーツセンターやジムなどの施設で、各自の健康について指導を受けながらの活動も選択肢の一つである。

表11　ウォーキングの目標

年齢別	女性	男性
成人（20 ～ 64歳）	9,000歩	8,500歩
高齢者（65歳以上）	7,000歩	6,000歩

休養・睡眠

厚生労働省から「健康づくりのための睡眠指針２０１４」が発表されている。適切な睡眠量の確保、睡眠の質の改善、睡眠障害への早期からの対応で、からだとこころの健康づくりに活かしたい。

1. 良い睡眠で、からだもこころも健康に。
2. 適度な運動、しっかり朝食、ねむりとめざめのメリハリを。
3. 良い睡眠は、生活習慣病予防につながります。
4. 睡眠による休養感は、こころの健康に重要です。

5. 年齢や季節に応じて、ひるまの眠気で困らない程度の睡眠を。
6. 良い睡眠のためには、環境づくりも重要です。
7. 若年世代は夜更かし避けて、体内時計のリズムを保つ。
8. 勤労世代の疲労回復・能率アップに、毎日十分な睡眠を。
9. 熟年世代は朝晩メリハリ、ひるまに適度な運動で良い睡眠。
10. 眠くなってから寝床に入り、起きる時間は遅らせない。
11. いつもと違う睡眠には、要注意。
12. 眠れない、その苦しみかかえずに、専門家に相談を。

睡眠と休養は個人差もあるが、厚生労働省の指針を参考にしたい。

3　健康維持

輪島式健康法

輪島直幸氏（テレビ体操指導者、武蔵野学院大学教授）の健康法は以前、横浜市緑区で講演を聞いた時に、この健康法を紹介する許可をいただいた。輪島直幸教授考案の健康法だと断って「講座」などで紹介させてもらっている。

これを毎日１回実行すれば健康が維持できるという。

一・十・百・千・万

筆者の講座などでは、最初から答えを言わずに参加者に質問し、回答に結び付ける手法を取っている。

・一

一日一回大笑いすることである。笑うと免疫作用があるホルモン（ドーパミン）が増え、ドーパミンが出ると、ＮＫ細胞が活性化されるので、免疫力を高めると言われている。実演で笑いの練習をすると、最初は苦笑いでも最後は大笑いになることがある。

・十

深呼吸である。普通の呼吸ではあまり空気は入れ替わらない。深呼吸で多くの新鮮な酸素が取り入れられる。さらに良いのは腹式呼吸だそうである。腹式呼吸は横隔膜を上下させるため、空気の量をさらに多く取り入れるので、効果も大きい。これを十回行うと良いとされている。

・**百**

輪島教授流の「頭」を使って、「手や指」を動かす動作だ。以前、NHK「クイズ百点満点」の中の「満点体操」でやっていたので、ご存知の方もいると思う。この種の手法は近年、福祉関連施設などで認知症予防体操に組み入れられ、盛んに実施されている。これをたくさん行うのである。

・**千**

千は書である。パソコン時代の今、字を書く機会が減少している。千字も書くと、手書きでは忘れた漢字が出てこない時がしばしばある。パソコンでは漢字を忘れても出てくるので助かっているが、千字の文書を考えて書くのは大変である。例えば「般若心経」（約280文字）や、新聞のコラム（約450文字）などの書き写しをすると継続できるかも知れない。

・**万**

ご存知の歩くことである。誰もが行いやすい運動で、昨今ウォーキングは盛んである。1万歩の中に「早歩き」を入れるとさらに効果が出る。

一人で黙々歩くより、友人や夫婦で会話しながら歩くのも、継続のポイントになろうか。最近は1万歩でなくても、年齢や性別で加減しても効果はあるとされている。毎日1万歩と決めて、雨の日も頑張る人もいると聞いた。義務感で1万歩を毎日行うと、人によってはストレスを抱える結果、体調を崩しかねないので、特に高齢者は常に体調と相談してほしい。

がんばらない健康法

平成30年3月2日の読売新聞朝刊に掲載された、「がんばらない健康法」（日本医師会）をご紹介したい。特に高齢者の方には実践することをおすすめする。内容は前述の輪島直幸教授の提言に似ている。

健康のための 一、十、百、千、万！

・**一読**（いちどく）

新聞・雑誌・本など、一日一回、文章を読み、認知機能を刺激しましょう。

・**十笑**（じゅっしょう）

一日十回、笑いましょう。免疫力が高まり、ガン予防になるとも。

・**百吸**（ひゃっきゅう）
一日百回、深呼吸を。肺機能を高め、自律神経の安定化、ストレス解消に。
・**千字**（せんじ）
日記、手紙、メモなど、一日千字書いて、認知機能を高めましょう。
・**万歩**（まんぽ）
歩くことはメタボ予防、記憶力向上、認知症予防に効果的。無理ない範囲で毎日歩きましょう。
詳しくは、日本医師会の「日医ニュース」健康ぷらざ481号「高齢者健康法」に出ている。インターネットで検索もできる。

昔から伝わる健康法や人生訓

・**健康十訓**
健康のために気をつけたいことを記した、江戸時代の俳人、横井也有《やゆう》の健康十訓が参考になる。今でも立派に通用する（文献によって表記が異なる）。
＊少肉多菜

＊少塩多酢
＊少糖多果
＊少食多噛
＊少衣多浴
＊少車多歩
＊少憂多眠
＊少怒多笑
＊少言多聞
＊少欲多施

とある。

・人生五訓

これは心の健康に通じるので記載する。京都市嵯峨小倉山二尊院に伝わると聞く。

＊あせるな
＊おこるな

＊いばるな
＊くさるな
＊おこたるな
とある。
・泉重千代氏（故人・120歳）の長寿十訓も参考になる。
＊万事くよくよしないがよい
＊腹八分目か七分がよい
＊酒は適量ゆっくりと
＊目覚めたときは深呼吸
＊やると決めて規則正しく
＊自分の足で散歩に出よう
＊自然が一番さからわない
＊誰とでも話す　笑いあう
＊歳は忘れて考えない
＊健康はお天とう様のおかげ

第８章　地域活動団体の活動事例

筆者は、当初より地域の「まちづくり」に関心があり、横浜市各地で開催される講演会・シンポジウムなどに数多く参加した。その中で、まちづくりのコーディネーター、大学教授、団体代表などの話を聞き、自分が住んでいる町をもっと知りたいと感じるようになった。

地域には、いろんなスキルを持つ人がいる。自分一人ではできないことも、仲間がいれば「地域の魅力づくりや地域課題の解決」のキッカケづくりができそうだと考えた。

取り組むテーマにもよるが、地域で活動する場合、まず地域を知ることから始まる。そのため地元の関係者、自治会町内会、行政などとの社会的紐帯《ちゅうたい》は欠かせない。これには日常的に時間をかけ自発的な働きかけを要する。

1　みどり97会

経　緯

平成9年度（1997）の緑保健所が開催した「男性のためのヘルスセミナー」受講者が中心メンバーである。この開催セミナーは3年目であった。行政が行う市民対象の事業は3年で終了するのが常である。保健所から、このまま解散するのではなく、グループをまとめて活動を継続してはどうかと提案があった。講座の最終日に参加者22名に呼びかけ、18名で平成10年4月に「みどり97会」（元気男性高齢者づくりの趣味活動グループ）を発足させ、代表に就任した。

多くの参加者は、講座終了と同時に雲散霧消してしまう。熱心な人は受講した内容を復習しながら、実践するだろうが、個人では、特に男性の場合継続できず、家に閉じこもってしまう人が多いと思う。健康維持と健康寿命の延伸は、外に出ること、人と会い一緒に行動することが第一である。

活動の継続と発展の基本は「仲間づくり」である。その点、講座の受講者は、同じ関心や希望を持って参加しているため、事後活動としてのグループは容易である。代表が決まると会計、監査、幹事などは決めやすい。簡単な会則を作成し、運営委員会で毎月１回（第１火曜日）を活動日に決定した。

活動内容

毎月第１火曜日を活動日に決めた理由は、保健所講座が第１火曜日であり、同じ曜日の方が集合しやすいからである。参考までに平成30年度の活動計画（案）を表12に記載する。

発足当初は60歳～70歳代が中心で、史跡などのウォーキング中心の活動であったが、10年が経過すると長距離を歩くことが苦になりだした。従って、最近は施設見学中心の活動へと変わってきた。行き先については、会員２～３名が得意分野を担当し、下見を実施した後に会員を案内する方法を取っている。

表12　みどり97会の年間行動計画（平成30年度）

回	月日	活動内容（案）
241	4月3日	小金井公園花見・総会
242	5月1日	クリクラ町田工場見学
243	6月５日	ビール工場見学等
244	7月3日	日帰りバス旅行
245	8月7日	設立20周年記念式、介護体験実習
246	8月29日	やすらぎコンサート・暑気払
247	9月3日	自動車工場見学
248	10月2日	鎌倉ハム工場見学
249	11月6日	日本フードエコロジーC
250	12月4日	学習会・忘年会
251	31年1月4日	七福神めぐり
252	2月5日	男の料理教室
253	3月5日	シーサイドライン車両基地見学
254	4月2日	お花見・総会

将来に向けて

喜ばしいことに、平成30年で発足20周年を迎えた。発足のキッカケが緑保健所の講座参加者であることから、機会があるごとに、「緑福祉保健センター」「鴨居地域ケアプラザ」にご協力を得ている。講師派遣や情報などの提供を受けられるが、日頃の紐帯の必要性が分かる。

一般的に市民団体が

20年以上存続するのは稀だそうで、男性ばかりの「みどり97会」は、今後３００回の活動を目標にしている。会員の年齢は80歳代が多いが、近年、70歳代の入会者があり活気を取り戻している。

平成30年8月に開催する設立20周年記念事業には、行政関係者など来賓から祝辞をいただく予定だ。今後も元気に活動して行きたいと願っている。18名でスタートした会員数は平成18年に30名に達したが、現在は20名である。代表は再度筆者が平成29年~30年を務めるが、31年以降の代表は若手に委ねることになっている。

平成30年8月の活動で第２４５回となる。「みどり97会」は、会の名称にあやかって全員が、97歳まで元気に活動をしていきたいと願っている。このように、元気な高齢者が増加すれば、医療費の削減の一助となろう。ささやかな活動ではあるが、全国に増えることを願っている。

2　鴨居駅周辺まちづくり研究会

まちづくり

まちづくりの活動範囲は広い。自治体や専門家が関わるインフラ整備などの大きな事業から、地元自治会町内会やＮＰＯ・市民活動団体などで行う小さな事業まで多岐にわたる。

地域のまちづくりの範疇は、道路、環境、町おこし、バリアフリー、再開発、商店会、学校・教育、防犯、防災、安全・安心、福祉、交通、健康、次代の担い手、地域・社会資源活用、地域の魅力づくり、町のニーズ・課題、夢・希望などが挙げられる。

ここでは、自治会町内会やＮＰＯや市民団体などが、取り組みやすい「まちづくり」を、体験を踏まえて論じている。地域のためになる地域貢献の「まちづくり」で、課題解決、魅力づくり、文化の情報発信、住民のニーズなどの具現化を図りたいのである。

一般的に、まちづくり・地域おこしは、「わか者」「よそ者」「ばか者」が必要と言われている。自分は、地域では「よそ者」の視点で関わることにしている。

鴨居駅周辺まちづくり研究会（略称・鴨居まち研）では、毎週１回以上の活動があり、仲間と顔を合わせる機会が多い。義務感でなく自由意思での参加が気分を楽にし、活動中の笑顔が絶えない。チョッピリの地域貢献もあり、達成感と楽しみを味わう活動が、20年間も継続できている。

鴨居まち研の活動

発足の経緯

平成９年～10年の２年間にわたり、緑区役所が「鴨居駅周辺まちづくり」講座を開催した。参加者は約20名で、そのうち12名は一般公募者で、残りは各自治会などからの推薦者であった。筆者は当然ながら一般応募者である。参加して１年目は、鴨居駅から約５００メートルの範囲を調査した。駅前は万年交通渋滞、歩道も片側でバリアも多い。景観も優れているとはお世辞にも言えない。

調査結果は、課題ばかりが強調された。しかもその課題は容易に解決しないテーマであった。

2年目に入り、鴨居は課題も多いがプラス面の「魅力」もあると調査を提案した。「課題班」と、「魅力探し班」に分かれて活動が決まり、筆者は「魅力探し班」に参加し活動を継続した。

2年目に入ると、自治会からの推薦者は欠席が目立ってきた。要は、自分の意思での参加でないため、忙しさでの欠席と思う。

「魅力探し班」に、地域の歴史愛好家の小礒博正氏がいたのも好都合であった。鴨居駅周辺四町（東本郷、鴨居、竹山、白山）の史跡を調べ歩いた。地元住民の話を聞き、眺望場所、親水場所、地域資源などを追加した。調査の結果、魅力が多い地区に一変すると感じた。

2年目の終了に当たり、鴨居駅周辺の魅力を報告した。この魅力を多くの人に伝えるため、「魅力マップ」を作成したいと考えていた。作成には多額の経費が必要である。マップ作製費用の負担を緑区にお願いしたところ、幸運にも承諾を得ることができた。これによって、平成11年４月に市民活動団体を発足させることにした。

市民活動団体「鴨居駅周辺魅力つくり隊」を設立

平成11年４月に、市民活動団体「魅力つくり隊」を７名で立ち上げ、代表の任に就いた。緑区役所に広報紙による告知をお願いし、鴨居駅周辺の「魅力発見ウォーク」を企画した。参加申込が１００名以上となったため、３回に分けて開催した。この時に、マップ作りに必要な情報を参加者からも集めた。

平成12年４月に「マップ作成発表会」を開催し、緑区民が知ることになった。

「魅力マップ」は６０００部印刷されたが、半年でなくなり、会員の武笠徳昭氏の人脈で、スポンサーを探し３０００部を増刷した。現在も内容を更新し、第３版が活用されている。

このマップを手に持ちウォーキングする人に聞くと、「鴨居って素晴らしいまちですね」の答えが返ってくる。まちの課題が徐々に解消され、魅力が増幅されるまちになったと考える。

この「魅力発見ウォーク」の開催で、会員が増加して20名となった。

会の名称変更と事業活動

発足2年後に会の名称を「鴨居駅周辺まちづくり研究会」に改称した。会の事業を地元に定着させなければ継続できないと考えた。それには地元鴨居連合自治会に認知してもらうことである。そこで、「鴨居まち研」の定例会議に鴨居連合自治会長に出席をお願いし、その都度ご挨拶をお願いした。

これにより自治会との連繋が深まり、筆者も自治会業務に関わるキッカケとなった。その内、鴨居第四地区自治会長を仰せつかった。この自治会活動により、地元との人間関係が一層強固になった。

マップ作りと並行して取り組んだのは、地域イベント（年6~7回程度）に参加して、子ども達に「玩具づくり」を教える活動である。玩具とは「万華鏡、ビニール凧、紙飛行機」である。子ども達とのふれあいで、我々も元気をもらっている。

時には、福祉施設から万華鏡づくりの依頼を受け、出前講座も行った。軽度の認知症の方などが懸命に取り組んで、出来上がった作品を持って大喜びである。このように活動が、チョッピリの地域貢献となっている。

ビニール凧は、鶴見川河川敷で活動している「みどり・川と風の会」の活動を手伝っている時に習得したものである。

万華鏡は、前述の「じゃおクラブ」での活動時に、代表の宰川清昭氏（当時）に承諾を得て活用させていただいている。このように良い仲間に恵まれた結果が今日に活きている。

鴨居駅自由通路の清掃

鴨居の玄関口である鴨居駅のゴミが気になった。時々ゴミ拾いをしていたが、本格的な清掃活動を実施しようと会員から提案があった。即刻、担当の緑土木事務所を訪問した。ちょうど、横浜市道路局が清掃活動を行う団体に「ハマロード・サポーター」制度を始めたばかりであった。緑区で２番目の登録である。

清掃場所は、鴨居駅の南北階段と自由通路とエレベーター２基で、全長１

00メートルである。登録により清掃道具の貸し出しが得られる。

しかし、清掃日に自宅から道具を持参するのも大変だ。当時のJR鴨居駅の宮田駅長に会い、鴨居駅通路の清掃活動の実施を説明した。その結果、清掃用具収納は、鴨居駅事務所のロッカーを借りることができた。

清掃中は、絶対に通行人の邪魔にならないよう、十分注意して行った。

清掃活動は、毎日曜日（年52回）9時集合で長期にわたるため、毎回5名のローテーションを組んで臨んだ。実際に行ってみると、ローテーション担当者はもちろん、10～15人が参加した。聞いてみると、今朝は時間が取れるから来たと言う。

清掃後は、コーヒーブレイクを毎回開催している。通常の会議と異なって、言いたい意見が気軽に言える良さがある。この時に色々とアイディアが出る。

この清掃活動には、隣の都筑区に事業所がある、パナソニックの社員が、第1日曜日に3名が参加してくれていることを申し添えたい。清掃活動は平成15年10月からスタートし、平成30年8月で約800回を超え、駅利用者から「ご苦労様」「有難うございます」の声が増えてくる。ミニコミ紙のタウンニュースなどにも紹介されて地域の話題となった。

鴨居エキコン（鴨居駅ミニコンサート）

鴨居から文化を発信できないかとの意見が出て、少し狭いが鴨居駅通路で「鴨居エキコン」の開催を決めたのが平成15年5月である。一度開催すると継続が必要だ。

そのため課題を挙げて徹底的に検討した。出演者探し、資金集め（協賛企業）、広報活動、プログラム作成、行政・駅などへの申請と承諾、運営要領、司会者、マイクやスピーカーなどのＰＡ手配、装飾、自治会、商店会の協力などである。役割分担を決め、筆者は行政と駅、自治会、商店会関係を担当した。

約半年かけ準備ができた。清掃活動でお世話になった、ＪＲ鴨居駅の宮田駅長に説明するため、緑区役所の山内良夫課長（当時）に同行をお願いした。駅長も「素晴らしい。まちおこしに協力しましょう」と快諾していただいた。ポスターなどの宣材を、鴨居駅および鴨居連合自治会の掲示板に掲示した。

第1回は、平成15年12月7日（日）13時～14時の開演である。演奏は「横浜モダンジャズクラブ」にお願いした。初回なので参加者数は読めないが、130名分のプログラムを準備した。

挨拶は当時の尾辻静昭緑区長、宮田健治駅長にお願いした。来賓として鴨居商栄会の島田敏夫会長（当時）、鴨居連合自治会柳下勤会長（当時）のほか、衆議院議員、県会議員、市会議員が参加した。狭い会場（駅の通路）には椅子席は70を準備（現在は100席）したが、20分前に満席となり、参加者数は立見席含め約180名となった。プログラムが不足したが、好評裡に終了し全員で達成感を味わった。

この「鴨居エキコン」は毎年3回開催しており、平成30年9月で第45回を迎える。協賛企業のご協力のおかげで、開催も定着してきた。

喜ばしいことに演奏団体も申し込みが増えている。これまでに出演いただいた大きな演奏団体は「横浜市消防音楽隊」、神奈川県職員で構成される「ブルーハーバーオーケストラ」、パナソニックの「カウントセイノウオーケストラ」などである。

鴨居エキコンは、「鴨居まち研」主催であるが、行政（区役所・警察・消防署・土木事務所)、鴨居駅、商店会・企業、鴨居連合自治会などとの協働事業である。単独では長期にわたる開催には齟齬《そご》をきたすことになり兼ねない。まさに協働の重要さを実感している。

この「鴨居エキコン」を継続するために、第６回（平成17年４月）と第40回（平成28年12月）に参加者からアンケートで意見を聞き、その後の運営の参考にしている。

この２回のアンケートの結果を比較してみたが、大差ないことが判明した。

１回目のアンケートは、回収数は１３３通、２回目のアンケート回収数は、１７０通であった。１回目アンケート時の演奏は、フォルクローレで、中南米音楽「マチャスカ」の演奏であった。

２回目アンケート時の演奏は、「ハーバーライツオーケストラ」によるバンド演奏で、幅広いジャンルの演奏とボーカルである。従って、表13の１回目アンケートの、「その他」欄の１２８通の中に、「民族音楽」希望30件が含まれている。アンケート実施は、同じ音楽傾向のジャンルでの比較が必要であると感じた。

表13　希望の音楽（複数回答）

演奏曲目	ジャズ	ラテン	ハワイアン	ポップス	シャンソン	クラシック	その他	合計
1回目	62	59	51	44	38	31	128	413
2回目	99	62	58	51	33	27	67	397

なお、催事でのアンケートは、座席の参加者は記載しやすいが、立見席の方は移動があり、依頼し難い面もあった（表14、15）。

鴨居駅は鴨居地区の社会資源の一つである。この社会資源の鴨居駅を活用した、まちづくり（駅通路の清掃および鴨居エキコン）活動が評価され、受賞を目的に活動しているのではないが、平成28年度「手づくり郷土賞」（国土交通省主催）に輝き、会員の誇りと次代への活力となっている。

歴史標識

鴨居地区は570年の歴史が息づいている。ただ、その史跡に説明標識がないため、新住民で関心を持つ人は少ない。自分が住んでいる町の歴史を知って、愛着心を持つ人を増やすために、是非説明板の設置が必要と考えた。

表14　希望音楽の形態

	演奏のみ	ボーカルのみ	ボーカルと演奏
１回目	11	1	88人
２回目	26	2	137人

表15　鴨居エキコンの参加回数

	初めて	２～４回	５回以上	合計
１回目	11	1	88	100人
２回目	26	2	137	165人

経費が気になり看板業者に設置費用を尋ねると、１基15万円との回答であった。６基設置すると90万円である。平成18年に「緑区チャレンジ提案事業」に申請し採択された。しかしこの財源では不足である。鴨居まち研を加えて、３社からの寄付金を活用した。それでも不足するため、看板パーツと材料のみ購入し、会員による手作業とした。

設置場所に穴を掘り、基礎工事の設計図は会員が作成した。コンクリートは地元の造園業者に依頼し生コンを届けてもらった。完成したものは、Ａ３サイズの説明板４基、道路標識に似たガイド杭２基である。

この説明板を設置する場所の、所有者探しも一仕事であった。やっと探した地元の所有者には全員快くご承諾をいただいた。

完成後に収支を確認すると赤字が発生した。地元の方に実情を話し相談した。その結果、PRを含めて各団体の代表者に、「歴史説明板完成除幕式」を企画しご案内した。除幕式には緑区長や関係者に出席願った。有難いことにお祝金を頂戴し赤字が解消した。地元関係者のご厚意に厚く感謝したい。時々、説明板を見ている人を見かけるにつけ、嬉しさを感じている。

地域デビュー講座の開催

筆者が代表を務める「鴨居まち研」でも、定年前後の方を対象に、地域活動のキッカケづくりを提供したいと考えた。平成17年から3年間、毎年4月に地域デビュー講座「おもしろ定年塾」を開催した。

5回連続の講座で、地域での仲間づくりが主眼である。講座内容は、「座学、歴史散策3回、料理教室、横浜港クルーズ」などで、期間中に参加者同士が知り合える構成とした。歴史中心の講座であり、必然的に男性のサラリーマン卒業生が応募の中心であり、狙い通りとなった。

平成17年度~19年度を第1期とした。毎年定員の20名を超え、3年間の受講者は70余名であった。講座終了後に独立した市民活動団体を毎年立ち上げるように仕掛けた。その結果、平成17年度「道草５（ファイブ）」、平成18年度「18（イヤー）元気会」、平成19年度「おもしろ７（セブン）」の団体が発足し、現在も毎月活動していることは嬉しい。

「おもしろ定年塾」の第２期を、平成26年から３年間にわたって開催した。今回のねらいは、市民活動団体の立ち上げではなく、「鴨居まち研」の次代を担う人材募集が主眼である。会発足以後15年を経過し、主要メンバーは80歳代となっている。「鴨居まち研」の地域貢献活動を継続するには、新たな若い人材の補給が急務であった。講座内容は第１期と大差ないが、５日間とも「歴史散策」とした。

地域デビュー講座「第１期」と「第２期」とでは約10年間の差がある。ここで気づかされたことがあった。

第１期の場合は、公募チラシタイトルに、地域デビュー講座「おもしろ定年塾」募集！　と大きく書き、サブタイトルに「歴史散策を楽しもう」を入れてＰＲして、毎年定員の20名を超える応募があった。

しかし第2期で、同じ内容で公募したが、3週間での応募者は2名と少なかった。これでは開講できないため、知人に参加を求めたところ、勉強会の講座には今さら出たくない、と厳しい意見であった。

そこで講座内容は変えずに募集チラシを修正した。つまり、チラシの大タイトル（大文字）に「歴史散策を楽しむ」とし、小文字のサブタイトルに、地域デビュー講座「おもしろ定年塾」とした。新しく変更したチラシを再度関係先に配布した。その結果、3週間で20名の定員に達した。これで募集チラシの書き方を学んだ。

第2期の3年間の参加者は約70名。その内「鴨居まち研」に入会した方は30名となった。多くの入会者は緑区全域からの人で、「鴨居まち研」主催の「歴史散策」（月1回）に参加している。

「鴨居まち研」の主活動である鴨居駅自由通路の清掃活動、イベントでの玩具づくり、鴨居エキコンは、主に鴨居地区で開催するため、わざわざ電車で来て活動する人は少ない。必然的に歩いて集合できる鴨居、東本郷、竹山、白山地区の会員が中心となる。それでも有難いことに、11名が新たに主活動に参加してもらっている。

このように地域デビュー講座の参加者で、「鴨居まち研」会員の若返りができた。この人材と途中入会者を活かして、平成29年度の総会で、80歳代の役員は全員顧問となり、65歳〜70歳代の会員に全権を委ねることにした。３代目の代表に藤村勝典氏、新設した事務局長に都築利正氏などが選出された。平成30年度は設立20周年を迎える。このメンバーで諸事業の準備が着々と進んでおり、改めて敬意を表したい。

平成30年度は、新しいメンバーが中心となって、「人生楽笑・次代塾」という地域デビュー講座を開催し19名が参加している（緑区チャレンジ提案事業に採択された）。

全国的な傾向であるが自治会町内会を始め、市民活動団体の共通の課題は、次代の担い手である。地域や目的により異なるが、「鴨居まち研」が実施した後継者づくりが、他の参考になればと考えている。

公園愛護会

横浜市の公園の多くは、清掃活動などを地域に委ねる「公園愛護会制度」

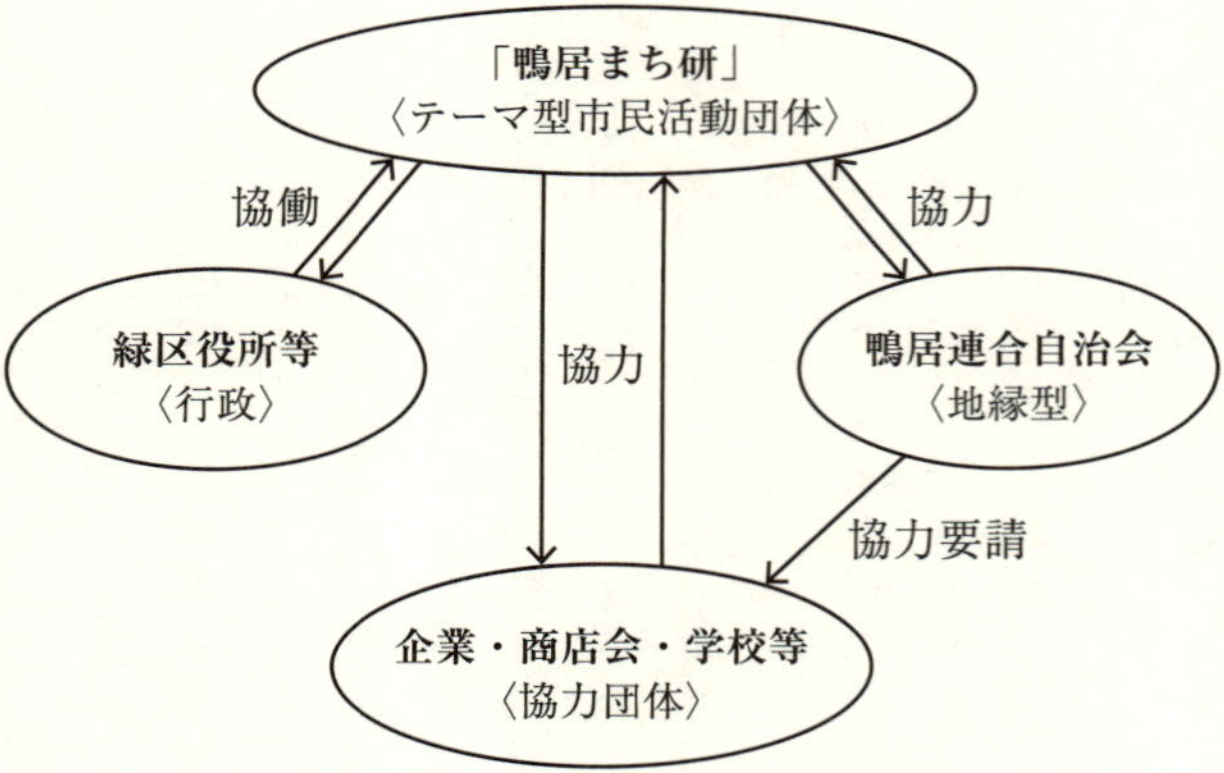

図6　協働の仕組みづくりの流れ

を設けている。当会も、公園管理者の緑土木事務所に協力し、公園の維持管理を行っている。担当公園は2カ所で、鴨居町北公園（251平方メートル）、鴨居西河内公園（127１平方メートル）の清掃・除草、花壇管理、施設の安全確認などを行っている。真夏や冬の作業は大変であるが、キレイに花咲く公園で、保育園児や親子で楽しむ姿を目にすると嬉しい。

これまで「鴨居まち研」の主な活動について説明してきた。その活動の多くは関係団体などとの「協働」が基礎となっている。「鴨居まち研」

単独ではできない分野を地元自治会、行政、企業などに補完してもらう仕組みで、これには相互信頼が不可欠である。その仕組みの概要を図６に示した。発足時の７名のうち、小礒博正氏、舟木靖子氏、そして筆者の３名が現在も活動している。現在の会員数は65名に増加している。中でも平成25年以降に入会し、活動の中軸になっている方が20名程度いることが頼もしい。

3　鴨居原市民の森愛護会

発足の経緯

住宅に接した鴨居町の１・２ヘクタールの傾斜地（高低差25メートル）の森には、何十年も前から粗大ゴミ（家具・家電・古タイヤ３０００本など）が不法投棄されていた。地域住民からは苦情が寄せられ、当該自治会は行政に撤去を申し入れていたが、実現していなかった。

平成15年３月、当時の鴨居第八地区自治会長、森元寿一氏（故人）から、筆者（当時、鴨居第四地区自治会長）に、一緒にゴミ撤去をしませんかと持ちかけられた。

現場を確認したところ、森の上の道路は、多くの人が行き交うウォーキングコースで、私もよく歩いていたが、粗大ゴミは傾斜地の下にあるため、指摘されるまで気がつかなかった。

早速、行政側との交渉を持ちながら、活動団体の立ち上げを検討した。ここで気になることがあった。第四地区と第八地区二つの自治会役員の多くは2年交代である。森の管理事業は長期の活動が必要である。そこで、任期がない「鴨居まち研」メンバーに森づくり参加を呼びかけた。幸いにも10名の参加があった。自治会役員を加え22名のメンバーで、「鴨居原ふれあいの森」準備会を発足させ、会長に就任した。平成15年7月に横浜市に、森づくりの団体登録を行い承認された。

手探りの活動開始

平成15年11月から、メンバー22名が自宅から鋸《のこぎり》、ナタ、鎌、スコップなどを持参して、「ゴミの森を市民が憩える森に再生する事業」をスタートさせた。地元の人の案内で、森の下から上に出る「昔道」探しを行い、何とか歩ける道を切り開いた。何十年も人が入らない森は、鬱蒼としジャングルのようであった。さらに、メンバーは少しずつ樹木を伐採し森の下層部に「広場」を造った。

活動開始後は、行政担当者のご指導で作業は順調に進んだ。財源支援はないが、活動道具などの貸し出しを受けることができた。森づくりに関わる人も次第に増えてきた。素人集団での森づくり活動には限界があると考え、知人の森林インストラクター、里山管理指導者のご協力をいただきながら活動した。

１年後の平成16年10月に、「鴨居原ふれあいの森」愛護会発足式・イベントを開催した。式典には各議員、緑区長および行政関係者、自治会や各団体責任者、小中学校長、地域住民など約３００名の参加があった。横浜市「緑の協会」から助成を受け、植樹祭も併催し、地元著名人に植樹をお願いした。

行政側にも、地元の盛り上がりを感じてもらえたと感じた。以前から我々が要望していたことは、この森が横浜市の「市民の森」に認定されることである。つまり、「鴨居原ふれあいの森」が「鴨居原市民の森」として開園することである。

平成16年11月に横浜市から朗報が届いた。平成17年4月に「鴨居原市民の森」としての開園が決定したのである。開園まで5カ月もない。即刻、打合せを行い突貫工事が始まった。

整地、トイレと水飲み場の設置、散策路の整備などである。傾斜地の森の上層部にも広場を設けた。行政の窓口としてご指導いただいた、北田悦良係長（当時）の恩義を忘れることはない。

平成17年4月に「鴨居原市民の森」として開園した。当日は式典のほか、アトラクション、模擬店などの出店、東鴨居中学校の吹奏楽、鴨居小学校PTAが作製した開園祝「くす玉割り」、鴨居囃子《ばやし》演奏などで、森は大賑わいとなった。まさに、地域全体での開園祝であった。

粗大ゴミの撤去作戦

何としても多量の粗大ゴミ処分が問題であった。市側の話では、大量のゴミを一度に撤去するには、多くの経費がかかり決裁などが必要で、早期に解決する可能性は低いとのことである。しかしゴミ処分は行政に頼らざるを得ない。

行政が通常業務でゴミ処理可能な分量は年間、小型トラック2台分とのことであった。愛護会では地域住民の協力を得ながら、10年がかりで粗大ゴミの一掃を決め、毎年11月に「クリーンアップ作戦」を実施することにした。

毎年実施のクリーンアップには、１５０人を超える協力者（鴨居中学校・東鴨居中学校生徒を含む）で、予定より3年早く、平成23年には粗大ゴミが一掃できた。また大型ゴミは人力では運び出しができないので、地元設備会社の社長によるクレーン車の協力があり大助かりであった。ここから学ぶことはやはり人脈と協働である。

事業の進め方として、行政との交渉に無理がないこと、地域挙げての活動に持って行く、お互いの持ち分（枠割）があること、地域の小中学校、企業などの協力を得ることである。それには人脈や、人間関係が重要になってくる。併せて信頼も大きな要素である。これらを満たすことで、協働に必要な事業との関わりが成果を収めると考える。

市民が憩えるイベントの展開

粗大ゴミが毎年のクリーンアップで減少するに併行して、鴨居原市民の森に親しんでもらうためと、市民の森の活動を知っていただく目的で、イベントを企画した。イベントの企画は、レクリエーションインストラクター養成講座で学んだことを少し活かすことができた。

5月には、子ども達を対象にした「森であそぼう」を開催した。森の自然を体験し、アウトドアクッキング、火起し、森のラリー、竹細工を準備した。現在も内容は異なるが毎年5月に開催している。

7月の第1土曜日に、市民の森北地区（竹林）で「七夕まつり」を開催し、近隣小学校の低学年や幼児に親子で参加してもらっている。お飾りの短冊は各自持寄りであるが、鴨居老人会に協力いただいている。皆で飾りを付けた大竹を立ち上げると歓声が起きる。子ども達には持ち帰り用の笹の枝とジュースが配られる。

８月第１土曜日には、南地区ふれあい広場で、「流しソーメン大会」を開催している。北地区の竹を伐採して、青竹で３本のレーンを造り、３００名に対応している。また、待ち時間を活用し、模擬店や農家の新鮮野菜販売、子ども達に人気の、火起し、太鼓相撲を併催している。オープン初回のソーメンは、福祉施設へ通所の高齢者、約20人を招いた。大変喜んでいただいている。真夏日の中、事前準備が大変である。会場は、日除け用のヨシズ張り、竹の切出しとレーン設置、当日のソーメンを茹でる作業がある。頑張ってくれる会員に頭が下がる。

11月には「焼き芋大会」を開催している。当日は「クリーンアップ作戦」も併催している。

大型のゴミは平成23年でほとんど撤去できた。平成24年度からは「森の美化活動」としてクリーンアップ活動は毎年継続している。参加者は鴨居地区の自治会・各団体や鴨居・東鴨居中学校生徒ら１５０名以上である。参加した協力者には、焼き芋を無料で配って喜ばれている。

クリーンアップ当日の会員は、早朝より焼き芋作りに専念する。サツマイモは、会員が関わった農園での収穫と、農家からの購入で賄っている。まさに地産地消を実行している。

12月には「お正月飾りづくり」を開催する。鴨居おやじの会も協力し「ミニ門松、丸しめ縄」の2種類の作品づくりに、毎年100名余が参加し、準備した材料がなくなる程の好評振りである。

その他の事業

小学校児童の自然観察会、農業体験――毎年、近隣の鴨居小学校・竹山小学校の児童が、自然観察会に訪れてくれる。また、農業体験としてサツマイモなどの植え付けに関わっている。

消防訓練の実施――森から火災が発生した場合を想定し、緑消防署、鴨居・白山消防出張所、鴨居消防班、家庭防災員、自治会役員、近隣の住民の協力を得て、毎年11月に「放水訓練」を中心に実施している。

消防署員の指導で、消火栓の扱い方、通報の要領、初期消火要領、消防車からの放水訓練を行っている。また、家庭防災員の協力で炊き出し訓練も実施している。

竹串づくり――毎年、鴨居連合自治会が１月に「どんど焼き」を開催している。その時に配る「団子」用の竹串（２メートル物４００本）を、愛護会員および自治会関係者で12月に作製している。北地区から竹を切り出し、割った竹を手で持っても怪我がないように作業するのは大変である。この作業は鴨居連合自治会事業の一部を支えていることになる。

このように鴨居原市民の森愛護会は、月２回の森づくりと、月約10回の農園活動やイベント開催で、会員も毎年増加している。平成15年の設立時は筆者が会長を務めたが、２代目会長の阿部昭雄氏（樹医）に続いて、平成30年度からは３代目会長を菅原喜勇勝氏が受け継いでいる。役員も刷新され活気あふれる鴨居原市民の森愛護会は、市民に親しまれる森を目指して活動している。

平成30年度は、森の活動開始15年になる。発足前に会員を増強するため、一般公募しようと考え、専門家のＹ氏に相談した。Ｙ氏は、「発起人の皆さんは、森づくりの素人集団です。一般公募すれば、森づくりに熱心な人も応募してくる。いろいろと提案や会議などで難題を出されると、事業運営が混乱する」「スタート時は顔見知りのメンバーで構成した方が良い」とアドバイスをいただいた。これに従って、22名で活動を開始した。

会則に、活動を円滑に進めるため「目的からの逸脱、会員相互の融和を妨げ、活動を阻害すると判断された者」は役員会の決議で会員資格を取り消すことができる、という条文を入れた。

発足後に、個人的な意見を主張する人が入会した。時には良い提案もするが、多くは会員として好まざる提案であった。

その場合の対応には苦慮したが、民主主義の精神を守り抜いた。提案の都度、本人の意見と反対意見を討論し、採決の結果、圧倒的多数で否決してきた。しばらくして体調を崩したとして退会する一幕があった。現在は会員の人間関係は極めて良好であり、今後の発展に期待が持てる。

4　自治会町内会活動

緑区役所生涯学級の運営委員や、「鴨居まち研」の活動中に、自治会関係者と触れ合ったのがキッカケで、鴨居連合自治会の諸活動に関わらせていただいた。

緑区の「自治会町内会の手引」には、自治会町内会について、「一定の区域内において、そこに居住する世帯・事業所によって構成され、区域内に起こるさまざまな問題に住民自らが対処することにより、好ましい生活環境を維持するための住民自治組織です。」とある。「好ましい生活環境を維持するためには、行政の目や手が届きにくい仕事があります。例えば道路、公園の美化、清掃、家庭ゴミ集積所の清潔保持などです。こうした仕事を担っているのが自治会町内会です。」と記されている。

以上のことから、地域の円滑なコミュニケーションづくり、各種行事の開催で住民の親睦などで、地域の生活に係わるすべての分野を対象としている。

言い換えれば、公共サービスの一部を住民の協力で行う、重要な組織と考えている。地域の課題解決や地域の魅力創出など、地域の発展に寄与しているのが自治会町内会と言えよう。全世帯の自治会町内会への加入を願って止まない。

鴨居第四地区自治会長（平成12年～17年の6年間。現顧問）

自治会の一般的な業務は、行政などからの依頼事項や、該当自治会の行事・福祉活動が中心で、どこの自治会でもほとんど変らないので割愛する。自治会の役員をやってみたいと言う人は多くはいない。順番で役員が回って来て仕方なくやっているのが一般的と言える。できれば役員はやりたくないと言う人もいる。

自治会の業務内容は、行政の資料などの回覧や配布、募金の集金などで手間がかかる。さらに地域課題の解決には相当の労力が必要だ。要は人のため地域のためであると、理解しているが結構忙しい。

しかし、自治会業務は地域住民に欠かせない仕事（ボランティア）であり、自治会として多くの方に関わって欲しい。何人かの意見では、自治会活動は必要だが、楽しいことが少ないとの声が出ていた。それではと自治会活動にやりがいが生まれる、「楽しい」ことも実施することにした。

その事例の一つは、「ふれあい講座」の開催である。自治会で何度も意見交換を行い決めた。テーマは「ガーデニング講座、ワイン講座、医師による健康講座、初めてのヨガ、健康ウォーク、飾り物づくり講習、落語会」であった。自治会役員も積極的に役割を申し出て、年間４回の講座を開催した。開催の結果、多くの参加者であふれ、「自治会も楽しい事業をやってくれるんだ」の声が出た。現在も内容を替えて随時開催している。

その二は「挨拶運動」の実施である。

困ったことに、平成15年度、鴨居四丁目の「空き巣」被害が、13件発生していた。この対策について緑警察署に相談に行った。「空き巣犯は必ず事前に下見を行っている。この時に声をかけられたり、顔を見られたりすると、犯行を諦める」との話を聞いた。

早速自治会では関係者と意見交換会を開催した。関係者とは、自治会役員、小学校長、ＰＴＡ、防犯指導員、青少年指導員、老人会などで、40余名で検討した。一部から、知らない人が声をかけると子どもが誘拐されると誤解する恐れがある、と心配の声も出た。学校長から児童に話をすることと、大人が見守ることで了解された。決まったことは、四丁目全域（約１５００世帯）に「挨拶運動」の実施をＰＲすることである。

活動内容は、①挨拶運動のポスターをできるだけ多く貼り出し抑止効果をあげること。②自治会を中心に防犯パトロールを強化すること。③空き巣被害の実状を広報することである。抑止対策のＰＲについては、鴨居駅に関係者が集合し、挨拶運動決起大会を多くの人に知っていただくことにした。

ポスター作りは、自治会でＡ３サイズの用紙に「挨拶運動」と書き、用紙の空きスペースに、鴨居小学校児童に絵や文字を描いてもらった。その用紙をラミネート加工してポスターを作成した。

このポスターを自治会の掲示板に掲示するのでなく、自宅の門や塀に取り付けて抑止効果を図りたいのである。第四地区自治会全域に、回覧でポスター掲示を募集したところ、約３００軒から、自宅に掲示しても良いとの返事があり、自治会役員で各家庭を回りポスターを掲示した。

1年後の空き巣件数はゼロにはならなかったが、年間発生件数は2件に激減した。自治会および鴨居おやじの会のパトロールが強化された。

翌年からは、約50軒の愛犬家にお願いして「わんわんパトロール」を展開した。愛犬の散歩時に「防犯」の腕章を付けて、所構わず愛犬と歩いてもらうのである。その結果効果を上げ、神奈川県から表彰状を授与された。

鴨居連合自治会事務局長（平成20年～27年の8年間。現相談役）

平成16年頃から妻の介護が必要となり、外出が制限されるようになってきた。平成20年の春に鴨居連合自治会から話があり、新設された事務局長をお引き受けした。

鴨居には話題になる歴史も社会資源も少ないが、よそ者から見れば「魅力」と感じる場所が多い。これらを鴨居の魅力としてPRして行きたいと考えた。どこの地域にも課題は山積している。しかし魅力が多ければ、その地区は住みたい町になる。筆者が感じた魅力の一部を取り上げる。

①鴨居杉山神社は宝徳元年（１４４９）の創建で、地元の人たちが守ってきた氏神様である。現在は奉賛会が保存・運営に関わっている。その社殿や境内で数々の行事が行われている。

当時は行事も少なかったが、現在は「初詣、節分祭、お花見、神社祭礼、七五三のお祓い、地域の行政事業、各団体の行事」などに活用されている。初詣には三が日で、約５０００人が参拝に訪れる。神主は常駐しないが、主な行事には来ていただいている。

②鴨居杉山神社には門外不出となっている、畳1畳の「大絵馬」が2枚ある。1枚は「国姓爺合戦・和藤内の虎退治の段」、もう1枚は「鬼一法眼六《りく》韜《とう》三略の段」である。奉納は嘉永4年（１８５１）絵師・歌川国喜三吉、歌川宗近と銘がある。当時、約80軒の鴨居村の氏神様に奉納された絵馬である。筆者にとっては鴨居の大きな「魅力」の一つであると感じている。正月の初詣、節分祭（後述）、神社祭礼時に公開するように奉賛会にお願いした。また歴史散策団体からの依頼時にも、極力公開をしている。

杉山神社には、往時に使用されていた「高札」が保管されている。鴨居村には高札場が2カ所あったと聞く。

この杉山神社も気がつけば５６０年が経過していた。節目ではないが鴨居地区に移り住んだ新住民に、鴨居杉山神社の歴史や絵馬を知ってもらいたいと思い、神社創建５６０年祭を企画した。もちろん奉賛会の方々には事前にご承諾をいただいている。

境内にある鴨居会館では、鴨居囃子や筝曲の演奏会、境内広場では模擬店で来場者に備えた。この行事は奉賛会、自治会、芸能保存会、鴨居おやじの会その他の団体の協力で盛り上がり、沢山の来場者で賑わった。

③正月行事の「どんど焼き」は、鴨居全体の事業だが、約20年間中止していたらしい。一方では、復活希望の声も聞こえてきた。

「どんど焼き」中止の理由を先輩たちに聞いてみると、ダイオキシン問題であった。平成23年1月から、ダイオキシンが多く発生するプラスチック類を取り外し、鶴見川河川敷で開催することにした。近くにはマンションなどが存在し、風向きによってはご迷惑がかかる。事前にご協力のお願いを行い無事開催できている。

先着400名には鴨居連合自治会が準備した「竹串団子」を提供している。会場には毎年500人以上の人が正月飾りや書初めなどを持参する大きなイベントとなっている。当然ながら鴨居地区の多くの団体の協力で成り立っている。

鴨居駅開業50周年記念事業

現在は何気なく利用しているJR横浜線鴨居駅は、地元住民が土地とお金を提供して造った「請願駅」であり、愛着心を持つ人が多い駅である。現在は、一日の乗車人数は約4万人となっている。鴨居駅を利用する人たちに、鴨居駅の成り立ちを知っていただきたいと考えた。

平成23年に「鴨居駅開業50周年記念事業」を企画し、開業50周年実行委員会を立ち上げ、関係部署と打ち合わせに入った。

鴨居駅を利用する方は、鴨居だけでなく、緑区の東本郷、竹山、白山の四町と、鶴見川を渡った都筑区池辺町を加え五町の住民や、対岸にある企業、商業施設ららぽーと横浜に行く人たちが主であると見ている。そのため、鴨居地区のみでは実施の意味がないと考えた。そこで、関係連合自治会、緑区役所、各団体、ＪＲ東日本横浜支社鴨居駅、近隣企業などに協力を仰ぐことにした。

事業①関係者を対象にした「説明会」を４月20日に開催した。出席者は各連合自治会長、鴨居商栄会会長、近隣企業など関係者約60名の出席があった。鴨居駅開業50周年事業の企画概要説明を行い、協賛金協力も併せてお願いした。本番は営業開始記念日の平成24年12月25日であるが、年間を通じて催事を行い50周年をＰＲすることにした。

検討事項は多々ある。事業予算・調達法、催事内容、会場・日時、対象者、広報活動、行政・ＪＲとの交渉などである。

総経費は約１５０万円が必要であるとの結論であった。関係者と協議して資金調達に走った。緑区役所チャレンジ提案事業助成金、各連合自治会負担金を合計しても95万円が不足であった。対策として、関係者は手分けして企業・商店・個人に賛助金をお願いした。ＪＲには、駅舎の南北階段上部に掲げる「横断幕」の作成と設置の協力をお願いし快諾いただいた。また、委員会が開催する主な行事には、ＪＲ東日本横浜支社長の松崎哲士郎氏（執行役員・当時）、鴨居駅長の片桐浩一氏（当時）に出席を要請した。

事業②６月10日に「鴨居駅を語る座談会」を白山地区センター体育館で開催した。講師は郷土史研究家の相澤雅雄氏、鴨居白山地区の地元住民で当時の様子が分かる方など８名である。初めて耳にするお話に、参加の１８０人から次々と質問が出てきた。関心の深まりを感じた。

事業③７月20日締め切りで「鴨居駅と私」の作文を募集した。対象は小学生の部、中学生の部、一般の部としＰＲした結果、55件の応募があった。選考者について検討した。小中学生の応募作品は、５人の小中学校長にお願いし、最優秀作品、優秀作品を決めた。一般の部は五連合自治会長にお願いし同様の賞を決めていただいた。

事業④11月18日（日）に鶴見川河川敷で「祝賀イベント」を開催した。内容は、各連合自治会地区から10団体出演の「演技・演奏会」、飲食を伴う模擬店の出店、模型電車、駅長服での撮影会、写真展、切手販売を開催した。

屋外会場は設営がひと仕事である。当初17日の土曜日を予定していたが雨天のため１日延期した。催事のほか、会場の一部に当時の鴨居駅周辺の写真を掲示したのが好評であった。

事業⑤11月～12月までの40日間、鴨居駅通路を利用して写真展を開催した。展示写真は、現在と50年前の比較写真で、多くの通行人のお目に留まった。委員は、掲示が風で外れないよう、交代で確認を行った。

50年前の写真は、地元住民のご協力で約20点が集まった。ご協力に感謝している。

事業⑥12月２日には鴨居小学校で「記念式典・祝賀会」を開催し、約２５０名が参加した。主催者、行政、ＪＲからの挨拶、作文の表彰式、祝賀パーティー、記念誌の配布などを行った。

事業⑦12月25日は開業日に当たる。鴨居駅二階通路で「記念セレモニー」を開催した。関係者の挨拶と、当時の思い出も語ってもらった。最後にパナソニックのカウントセイノウウオーケストラ団員によるファンファーレに合わせて、鴨居小学校ＰＴＡの皆さん手作りの「くす玉鈴割り」があり、見学者から大きな拍手を頂戴した。

この一連の事業は、関連地域挙げての事業であるが、地元愛と地域の絆が共感を呼び、約1年に及ぶ事業を、無事開催することができたと実感している。

鴨居杉山神社「節分祭」

鴨居杉山神社で「節分祭」（豆まき）ができないかとの話が出たのが、平成16年であった。神社奉賛会、鴨居連合自治会、鴨居商栄会（大川滋会長）の役員で検討を重ね、平成17年2月3日を第1回として開催することが決まった。初めての事業で前例がないため、インターネットでの下調べを行って情報を集めた。幸い、鴨居商栄会役員の一人が、川崎の神社の節分祭を知っていたので詳しい情報を提供してもらった。

検討事項は、豆まき人の募集、開催経費、服装、豆まきの品物、参加費、広報活動、雨天対策、豆まき人への記念品、運営方法などである。

豆まき人は10人ずつ3回、合計30名を募集する。年男、年女を優先するが、特に年齢は問わないことにした。豆まき人は約1時間前に来てもらい、裃姿に着替え、草履をはいて社殿前でお祓いを受け、神官と一緒に記念撮影を行うことにした。

豆まきの品は、豆の他に、お菓子・紅白のお餅・玩具、布製品、リボン付の5円玉、バルーンである。運営は奉賛会役員中心に、商栄会、自治会役員、各団体役員に協力をお願いしている。

平成17年（酉年）の第1回は、豆まき人は若干人数が不足したため、奉賛会役員、自治会役員、商店主にお願いした。住民から「有名人を呼ばないと、人が集まらない」と言われたが、開催してみると、境内いっぱいの人出で賑わった。

開催時間は1回目が午後2時、2回目が3時15分、3回目が4時30分とした。間隔を75分空けたのは、間隔が短いと1回目の豆まきが終わっても帰らずに、2回目、3回目を待つ人がいるからである。

1回目を開催しての失敗例は、豆まきを神社境内の「鴨居会館」から行ったが、投げた時に庇《ひさし》にぶつかり、遠くに投げられなかったこと。翌年から、会館に「桟敷」を設置することになった。

もう一点は、高齢者から「拾えない」との苦情があったが、高齢者の方は一般的に動作が鈍くなり、素早い若者には勝てないのである。翌年から「高齢者優先席」および「子ども席」を設けて改善した。

豆まき人には一般公募のほか、各議員、近隣企業役職者、学校長、各団体の責任者、商店主などの参加があり、毎年30名で開催している。豆拾いには鴨居地区以外の方も見受けられる。お聞きすると、その方は各地の豆まきに参加しているらしい。他の節分祭より鴨居の豆まきは、「豆まきの品物が豊富」で楽しいとのことであった。現在は鴨居地区の名物行事になっている。

初めて豆まき人を務めた女性は、「本当に楽しかった、一生の良い想い出が出来ました」と言ってくれた。

平成30年の2月3日にも開催したが、第1回以来、幸運にも一度も雨が降らなかった。開催日が土曜日・日曜日の場合は、鴨居小学校の体育館を借用する予定であるが、ウイークデーの場合は使用できない。鴨居会館および神社は、スペース的に雨天対策が困難で、現在も雨天対策はできていない。

高齢者の居場所づくり

高齢者が気軽に立ち寄れる「地域の居場所」づくりが、全国的に話題になり始めた。お茶を飲んだり、お喋りをしたり、食事もできる「サロン」である。鴨居には当時なかった。

鴨居連合自治会は、平成21年から鴨居地区社会福祉協議会（岡本幸美会長・当時）、民生児童委員協議会（庄司登志子会長・当時）、鴨居老人クラブ連合会など関係者と検討を開始した。平成22年９月から、鴨居中央会館で「いきいきサロン鴨居」の開設を決めた。

サロンは毎月第２・第４日曜日の10時から15時に開催する。食事の提供は行わず、利用料は１００円で、コーヒーなどの飲み物を提供する、お茶飲みサロンである。スタッフは毎回３名体制として、飲み物サービスや利用者の話し相手などをしている。なおサロンスタッフには昼食代程度を支払っている。

鴨居のサロンを多くの住民に知ってもらうために、年８回程度の催事を組んでいる。催事は午後として「バンド演奏、フラダンス、落語・マジック、折り紙教室、大正琴演奏、フォルクローレ、写真展」などである。催事の時は高齢者に限らず幅広い年齢層に参加してもらい、PRに役立っている。

当サロンには、図書館にはない地域の歴史や行事に関する資料もあり、自由に閲覧できる。これを楽しみに来る人もいる。

年間24回開催し約600人の方々に利用してもらっている。そのうち鴨居の方が85％で、年齢別では60歳以上が95％を占め、一定の成果が上がっていると考えている。全経費を利用料で賄うことは難しく、鴨居連合自治会、緑区社会福祉協議会、鴨居地区社会福祉協議会から助成金を得て運営している。時々、緑区の高校や大学から、生徒の体験実習の申し入れがあり、受け入れている。最近は鴨居地区の団体などがミーティングに利用している。

課題は、外出しない一人暮らしの高齢者に、いかにしてサロンに来てもらうかである。

これは高齢者ではないが、鴨居地区の成人を対象にした「夕どきサロン鴨居」を平成26年後半から開催している。前述の「いきいきサロン鴨居」の一般利用者は女性が多い。会員から男性が参加しやすいサロンが欲しいとの提案があった。

男性を呼び込むには、お酒が飲めることが条件になってくる。初期に発生する経費を、自治会費から出すことは難しいと考えた。そこで、自治会の主要役員から出資していただくことにした。集まった出資金で備品をそろえた。「夕どきサロン鴨居」のねらいは、「新人材の発掘を兼ねた新たな地域交流の場」とした。料理は調理師の資格者（佐藤チヨ子氏）にお願いした。飲食物を扱うので、衛生管理が必要だ。筆者も「食品衛生責任者養成講座講習会」に参加し修了書をいただいた。受付には消毒液を配置し衛生管理につとめている。

開催日は、毎月（1月を除く）第1金曜日の午後6時～9時までとし、スタッフは調理師を含めて4名で運営している。飲食物は地元商店育成のため個人商店から購入している。時には鴨居原市民の森愛護会から無農薬野菜の差入がある。

実際に運営してみて分かったことがある。企画段階では、来場者はほとんど男性と思っていたが、開催してみると、利用者の約30％は女性の方で占めている。毎月1名程の初参加の人がいるが、雰囲気に溶け込んで行くのは地域の良さかも知れない。

自治会は大人の部活――鴨居連合自治会では、平成29年度に、みんなで地域を考える会、を開催してきた。テーマは「もし自治会がなかったら」で議論した。

自治会は自治体（行政）から一部の委任業務のほか、地域の防犯、防災、広域場所の清掃、ゴミなどの地域課題対応、親睦や交流のイベント、福祉、つながり、助け合い、コミュニティーづくり、子ども支援などを行っている。地域の生活者にとって重要であると思うが、自治会加入率は微減の傾向にある。未加入者の多くは単身世帯と若い世代である。

そこで、鴨居連合自治会を紹介するパンフレットを作製した。第一地区から第八地区自治会の特色を紹介、楽しいイベント、ゴミ問題、災害時の対応、高齢者、情報などをA3サイズにまとめた。「住んで良かった、鴨居」を目指した活動を始めた。「自治会は大人の部活だ！」の通り、自分から積極的に活動し、円滑なコミュニケーションづくりができればと考えている。

5　講師活動

現在の講師活動

講師活動として、主に行政（主に神奈川県、横浜市、相模原市、町田市、秦野市、愛川町）や、団体（主に社会福祉協議会）および市民活動団体、企業、シルバー人材センター、㈶長寿社会開発センターなどからのご依頼で活動している。

講演回数は延べ50回以上で、最近は年に3回程度の依頼を受けている。テーマは主に、定年退職者や団塊の世代を対象とした「地域デビュー講座」「地域活動のアレコレ」「楽しい地域活動」「次代の担い手探し」「まちづくり活動」「自治会・市民団体の活性化」などである。時にはシンポジウムにも声がかかることがある。

講座で持ち時間は1時間から2時間が多い。講座内容は、前半にテーマに沿った必要事項を話し、後半は、実際に関わってきた活動事例などを、パワーポイントで説明をしている。

どの講座でも、必ずお話しすることは、「地域活動のポイント5K」（前述。本書87ページ）である。また、講座受講者に初心者が多い場合は簡単な、アイスブレイクを取りいれている。

さらに地域活動の良さ、つまり「地域活動のメリット」にも触れている。例としては次のようになる。

＊地域での活動はコストが安上がり
＊地域での活動は、活動頻度を上げやすい（生涯現役）
＊地域の居場所となり、地域で頼りになる親しい友人ができる
＊地域の話題、課題が見え、協力しやすい（毎日に学びがある）
＊地域では協働が比較的やりやすい
＊地域の人脈が増え毎日が楽しく安心して暮らせる

講座プログラムの一例（質疑を含む2時間コース）

＊人生百歳時代の幕開け

＊平均寿命・健康寿命
＊楽しい地域活動――地域に溶け込む・定年後の活動選択肢・地域活動での心得
＊鴨居地区の地域活動事例として、筆者が関わってきた団体の活動――「鴨居駅周辺まちづくり研究会、鴨居原市民の森愛護会、鴨居連合自治会、いきいきサロン鴨居、鴨居杉山神社奉賛会、みどり97会」の諸活動を、パワーポイントで紹介
＊地域活動に入ってみよう
＊地域活動の要点・活動が長続きするコツ・活動のメリット
＊地域活動のまとめ

であるが、講座依頼の趣旨に合うよう内容を変更している。最近は、自治会や市民活動団体などの後継者や、次代の担い手についての要望があり、筆者が関わってきた事例をお話ししているが、この課題は一概に解決策を述べることは難しい。

講座を終えて

講座の最後に「アンケート」と「質疑応答」の時間を設けている。アンケートは次回講座への参考になり重要視している。内容によっては主催者宛に質問への返事を書いている。

質疑応答でよく出るのが、失敗談を聞かせて欲しいとの要望である。

私が関わった事業は多いが、大きな失敗をした記憶はない。鴨居地区ではどの事業でも、必ず関係者出席の実行委員会を前もって開催している。会議での議論で、気がつく課題はほとんど事前に対応している。天候の急変で戸惑うことはあるが。これまでに大きな問題は発生していない。要は、「準備で9割」と考え実行してきた。

笑い話的失敗はよくある。一例をあげると、鴨居原市民の森愛護会で第1回の「流しソーメン大会」を開催した時の事例である。参加者150人を想定し、竹のレーンを2本設置した。レーンの左右に10人ずつで並んで、一度に40名に食べてもらうつもりであった。開催してみるとほとんどの人がレーンの左側に並び、右側は1、2名が並んだ。原因は至って単純なことであった。右のレーンに並んだ人は全員、左利きの人であった。翌年からレーンを３本とした。

ソーメンは白色なので、彩りにサクランボを一緒に流した。子ども達は歓声を上げて喜んだが、箸では「つかめない」とクレームがついた。机上プランの愚かさを知らされた。

流しソーメンでの失敗はもう一つある。それは、ソーメンを流す青竹を、１週間前に切りだして、保存していたところ、当日はカビで使用ができなかった。これを教訓に翌年から本番前日に青竹を切り出し、アルコールで消毒して保管することで解決した。

なお、講師活動時の肩書は「健康生きがいづくりアドバイザー」として、テーマに沿った話をさせていただいている。

第9章　地域とともに

本書は自分の地域活動体験を中心にまとめたものであるが、「ヒト、モノ、カネ、情報」について考察してきた。中でも活動継続の基本は広い意味での人間関係「ヒト」にあると信じている。お互いの信頼と協力で成り立っている、と言って過言でないと思っている。

1　第二の人生を楽しもう

自分のために楽しんでいる活動が、「人のため、地域のため、未来のため」になっていることが、自身の喜びであり達成感に繋がる。さらに次の活動へのエネルギーにもなる。常に感謝の気持ちを忘れずに活動すれば、自然と仲間が増えることを実感した。

2　自分が住む町に惚れ込む

各種の「まちづくり」講演会・講座に参加して

鴨居に住んで48年になるが、現役中は地域のことはすべて妻任せで、地域のことを全く知らずに過ごしてきた。定年後に地域に入ったが、前述の通り緑区役所の講座に参加することから始まった。

まちづくり関係に関心があったため、緑区、横浜市や神奈川県内で開催される、各講演会や講座などに参加した。熱心な参加者は、いろいろな角度から意見を述べ質問していた。現役時代の企業活動と異なる様子を目の当たりにし、地域人間のバイタリティーを感じた。

定年から現在までに、まちづくりや地域活動などで、お世話になった大学教授は多い。瀬沼克彰氏（桜美林大学名誉教授）、輪島直幸氏（武蔵野学院大学教授）、村橋克彦氏（横浜市立大学教授・故人）、名和田是彦氏（法政大学教授）、北村喜宣氏（上智大学教授）の先生方で、何人かの先生には現在もお世話になっている。

瀬沼教授には、平成10年ころから桜美林大学の生涯学習でご指導いただいた。筆者が所属するＮＰＯ法人学びサポート研究会（宍戸佳子理事長）では顧問になってもらっている。

名和田教授とは、平成19年の講演会でご指導をいただいた。最近では、緑区の地域大学講座の「みどり「ひと・まち」スクール」学長を務めていただき、筆者はナビゲーターとして3年間お世話になった。

地域の諸活動を通じて、微力でも自分が住んでいるまちを、少しでも明るく楽しく住みよいまちづくりをしたい思いが湧き、数々のまちづくり講演会に参加した。横浜市のまちづくり講演会などで、コーディネーターの先生方にも、ひとかたならぬお世話になっている。その方々は、内海宏氏（㈱地域計画研究所代表取締役）、山路清貴氏（山路商事株式会社代表取締役）、吉田洋子氏（吉田洋子まちづくり計画室主宰）であり、現在もお世話になっている。

山路氏は、平成９年の前述の「鴨居駅周辺まちづくり講座」の、コーディネーターを担当されていた頃からのお付き合いで、「鴨居まち研」発足時にもお世話になった。先述の「みどり「ひと・まち」スクール」でもご一緒させてもらった。

地元の協力がエネルギーに

市民団体の立ち上げや地域活動を行う場合、自分達のみで行う活動では地域での定着性や、普遍性が乏しくなると考えられる。地域に認知され将来の社会貢献活動（社会貢献はそれぞれの判断で、なくても良い）に持って行くためには、地元の自治会町内会との連携が不可欠と考え活動に入って行った。

筆者は地元の人から見れば「よそ者」である。地域のことを知るために、前述の「郷に入れば郷に従え」を常に心している。良いと考えた事案でも、地元のことを知らない人間が、アレコレ言い出すと必然的に反発が出る。

個人の力は本当に微力である。小さな事業でも協力者が必要である。多くの方に力を貸していただくには、考えている事案を事前に関係者に丁寧に説明することでスムーズに話が進む。

相談すると、内容によって異なるが、「おもしろいね、協力するからやろうよ」とも言ってもらえる。良い返事を得られない事案は再検討または、保留した方が良いと思っている。

地元や自治会の協力を得ることで、事業やイベントを地域に根差すことができる。事業内容によっては、地域全体の事業に発展し、社会貢献にも通じてくる。この手間を惜しんでは、その団体の単独活動で終わってしまう。

筆者は、地元で多くの方にご協力やお世話になり教えていただいた。鴨居連合自治会の方々のみ列挙する。

鴨居連合自治会長では初代の黒滝稔氏（故人）、2代目柳下勤氏（故人）、3代目吉田昌美氏（現顧問）、4代目柳下利一氏（故人）、5代目板垣憲明氏（現顧問）、6代目木村赳氏（現会長）である。なお、次の連合自治会役員各位にもお世話になった。柳下久夫氏（故人）、国井富栄氏（故人）、小池郁夫氏（故人）、森本寿一氏（故人）、黒滝剛氏（現相談役）、岩岡紀一氏（現相談役）などである。若手では中野隆氏、小池邦仁氏にもお世話になっている。

なお、鴨居連合自治会は、45の傘下団体と5校（小中高）が連携し活動しているため、多くの代表者や学校長にもご協力いただき、筆者の地域活動の今日がある。自治会役員との交流で、鴨居の良さの認識が深まったことは言を俟《ま》たない。

このように鴨居地区の地元住民は、「よそ者」の意見を取り入れる包容力・度量と協力がある。併せて、郷土愛旺盛な人が多いことが、筆者を「鴨居が大好き」にさせた要因である。物事を進める場合は、人間関係が要であることを何度も言った。筆者は鴨居地域で「人脈」という、お金で買えない大きな財産を頂戴した。感謝の限りである。

筆者は定年後に地域活動に入ったが、鴨居地区には現役から活動している「鴨居おやじの会」が存在する。設立は平成12年で前述の中野隆氏が、鴨居小学校のＰＴＡ会長時代に立ち上げたと聞く。現在のメンバーは45名で年齢は35歳から60歳である。

設立当初は飲み会から始まり、学校行事を手伝うようになり、野球チームも持っている。現在は鴨居連合自治会や地域行事開催の大きな戦力となっている。行動力とアイディアに優れた鴨居おやじの会は、２代目会長の入原康氏を中心に活動しており、敬意を表せずにはおられない。

その他の団体として、一般的な自治会町内会では、あまり存在しない「鴨居芸能保存会　柳下充代表」（１８０年の伝統を継続している鴨居囃子連中）、「鴨居神輿会　小野隆代表」（最近は神輿の担ぎ手の減少で運営が厳しくなっている）、設立40周年の「ボーイスカウト横浜95団　吉田昌司団長」、鶴見川の水質検査や河川敷の清掃、イベントを開催する「みどり・川と風の会　南長治郎代表」の存在があり、地域の活力となっている。

鴨居芸能保存会も後継者問題で、一時存続が厳しい面もあったが、地域あげての協力もあり、小中学生の踊り手や太鼓演奏の習得と、若手の「笛」演奏者も誕生し、存続の目処が立ったのも頼もしい次第である。これも鴨居地区の総合力だと思う。

地元の歴史を紐解く

自分が住んでいるまちに、愛着心を抱かせるキッカケは、町の歴史を学ぶことが近道と考える。

鴨居の場合、縄文時代の遺跡や貝塚が何カ所かある。570年前の神社寺院が存在している。170年前に移築された長屋門、それに庚申塔、地神塔、馬頭観音、地蔵尊など、往時を偲ぶ物件や話は探せばきりがない。大きな話題となる史跡ではないにしても、新住民が往時を偲ぶには十分である。

鴨居地域を知り学ぶ活動で、郷土史研究家の相澤雅雄氏には歴史の学びについてお世話になっている。

自分で学んだ浅い歴史でも、知らない人たち（特に新住民）に話したくなる。これは一部かもしれないが、「歴史」を介したコミュニケーションが生まれる。それにより、また一人の「鴨居に愛着心を抱く人間」が誕生する。この連鎖が、歴史が好きな仲間を構成する。これらが発展して、行政や自治会などとつながると、前述の「鴨居駅周辺の魅力マップ」の作成や、歴史的場所への「歴史標識」の設置事業も可能になる。

地域を知る必要性を感じて、「鴨居まち研」では、鴨居の歴史講座、東本郷の歴史講座、白山の歴史講座を開催してきた。さらには、保健活動推進員と協働や、「鴨居まち研」単独で、緑区各地の歴史散策ウォークも開催してきた。これらの活動で、鴨居大好き人間がどこかで増えてくるのが楽しみである。

知らない者同士のコミュニティは、お互いが何となくギスギスしているように感じる。しかし、どんなテーマでも良いが、例えば歴史や活動団体などで知り合った人たちには、常に笑顔がありお互いに助け合い、協力する円滑なコミュニティが醸成されていくと感じている。

一期一会

人生の中で多くの方との出会いがある。気が合う人、合わない人、威張る人、自慢する人、遠慮気味な人、上から目線の人、声が大きい人、小さい人、老若男女、異業種の人など多岐にわたる方々と出会っている。その人たちから何らかの影響を受けての今日の自分がある。

行政関係者は、ほぼ2～3年で転勤されるので交流期間は短いが、平成15年に在任された緑区長の尾辻静昭氏にはお世話になった。以来、現区長の小野崎信之氏まで交流をいただいていることは嬉しい。

実務担当者では賀谷まゆみ氏（元横浜市都市経営局調査・広域行政担当係長・現横浜市民局地域活動推進課長）、緑区役所牧野進氏（定年退職）、安養寺智氏（前緑区役所係長・現横浜市市民局地域活動推進係長）にはお世話になると同時に、地域活動での思い出が頭に残っている。

転勤と言えば学校の先生方も同じである。鴨居小学校とは、平成12年の本山三代子校長・大森浩哉副校長時代から、地域と学校との真の連携が強まったように記憶している。東鴨居中学校でも平成15年の大西正和校長・今辻千佳也副校長時代から自治会や各団体との、地域連携が強化され現在も継続している。

また、地域活動でお世話になり、筆者の活動に刺激を与えてくれた人も多くいらっしゃる。何故か女性の方が多い。特筆すると、守永英輔氏（じゃおクラブ元代表、淑徳大学教授・故人）、嶋田昌子氏（横浜シティガイド協会理事）、時任和子氏（夢・コミュニティ・ネットワーク代表）、宍戸佳子氏（NPO法人学びサポート研究会理事長）、吉武美保子氏（NPO法人よこはま里山研究所主任研究員）などである。これらの人脈は自分の大きな財産である。

地域で多くの人達と、上手くやって行くことの重要性を改めて認識した。どんなに自分の主張が正しいと思っても、相手と議論を交わすことは日常茶飯事である。意見交換で同調し協力を仰げれば好都合であるが、どうしても意見が合わない場合も、相手を敵に回さないことが肝要だと考えている。地域ではよく顔を合わす機会があるため、人間関係は重要である。自分が間違っている時には謝る覚悟を持ち合わせておこう。これらのことは、小心者で臆病者の表現かもしれないが。

鴨居地区の先輩たちが、脈々と築き守り続けてきた文化を受け継ぎ、一致団結の精神で、行政などの協力を得ながら地域課題の解決や、魅力づくりなどに取り組んできた。鴨居の地域行事は関係団体や、多くのボランティアが協力する仕組みが、自然に醸成されていると言っても過言ではないと思う。

3　筆者の地域活動歴

・平成7〜15年、緑区役所生涯学級講座「緑ふれあいサロン、わくわくライフ、横浜線ものがたり、陶芸教室」の運営委員に就任。
・平成9年　みどり「話し方教室」を設立し事務局長に就任（10年間）。
・平成10年「みどり97会（元気男性高齢者活動団体）」を設立し代表に就任（10年間、平成29年から再度代表）。
・平成11年「鴨居駅周辺まちづくり研究会（当時は「魅力つくり隊」）」を設立し代表に就任（10年間）現相談役。
・平成12年「鴨居第四地区自治会」会長に就任（6年間）現顧問。
・平成12年「鴨居杉山神社奉賛会」世話人に就任。
・平成15年「鴨居原市民の森愛護会（当時は鴨居原ふれあいの森）」を設立し会長に就任（7年間）現顧問。
・平成16年「鴨居駅前住宅」の住宅を考える会委員に就任。

・平成17年「コラボレーションフォーラム横浜」実行委員に就任（3年間）。
・平成18年「鴨居連合自治会」ホームページ運営委員会を設け代表に就任。
・平成19年「コラボレーションフォーラム横浜2007」のケーススタディとして「まちぐるみの協働から学ぶ・市民団体の発意に行政・自治会が協力」で活動発表。
・平成20年「緑区市民活動支援センター」運営委員に就任（10年間）。
・平成20年「鴨居連合自治会」事務局長に就任（8年間）現相談役。
・平成22年「いきいきサロン鴨居」を設立し事務局長に就任。
・平成22年「NPO法人学びサポート研究会」会員
・平成23年「かながわのあすを築く生活運動協議会」理事に就任。
・平成26年「夕どきサロン鴨居」を設立し事務局長に就任。
・平成27年　緑区講座「みどり「ひと・まち」スクール」のナビゲーターに就任（3年間）。
・平成27年　横浜市「調査季報」177号特集に「地域の中の「コミュニティデザイナー」はいかに生れるか～横浜でつながりを創る人々に伺う

～」インタビュー記事が掲載。

・平成29年「かながわのあすを築く生活運動協議会」副会長・事務局長に就任。

4　定年後に取得した資格

・レクリエーション・インストラクター（公益財団法人・日本レクリエーション協会）

・余暇生活開発士（公益財団法人・日本レクリエーション協会）

・健康生きがいづくりアドバイザー（一般財団法人・健康・生きがい開発財団）

・生涯学習コーディネーター（一般財団法人・社会通信教育協会）

・産業カウンセラー（一般社団法人・日本産業カウンセラー協会）

・健康管理士一般指導員（特定非営利活動法人・日本成人病予防協会）

・消費生活アドバイザー（一般財団法人・日本産業協会）

・森林セラピーガイド（特定非営利活動法人・森林セラピーソサエティ）

・二級ボイラー技師（厚生労働省千葉労働局）

・第二種電気工事士（神奈川県知事）
・危険物取扱者「乙種４類」（東京都知事）
・消防設備士「乙種６類」（神奈川県知事）

参考文献

加藤仁『定年前後の「実人生」発掘』文藝春秋
鈴木啓三『定年からの生きがい革命』海竜社
瀬沼克彰『高齢者の生涯学習と地域活動』学文社
瀬沼克彰『生涯学習まちづくりの人材育成』日本地域社会研究所
瀬沼克彰『市民が主役の生涯学習』学文社
瀬沼克彰『地域を活かす生涯学習』ミネルヴァ書房
瀬沼克彰『社会再生のための生涯学習』大明堂
多湖輝『人生90年面白く生きるコツ』幻冬舎
多湖輝『１００歳になっても脳を元気に動かす習慣術』日本文芸社
西田小夜子『妻と夫の定年塾』中日新聞社
『定年後はイキイキ人生』㈳長寿社会文化協会
小川有里『加齢なる日々』毎日新聞社
楠木新『定年後』中公新書

『レクリエーション・インストラクター養成講座テキスト』日本レクリエーション協会
『健康管理士一般指導員受講対策テキスト』日本成人病予防協会
『生涯学習指導者養成講座テキスト』㈶実務教育研究所
『健康生きがいづくりアドバイザー養成講座テキスト』㈶健康・生きがい開発財団
『生涯学習コーディネーター研修テキスト』㈶社会通信教育協会
『産業カウンセラーテキスト』など　㈶日本産業カウンセラー協会
『定年後大全』日本経済新聞社
中澤正夫監修『定年後の人生』法研
一番ヶ瀬康子・薗田硯哉・牧野暢男『余暇生活論』有斐閣
宇野収・作山宗久『「青春」という名の詩』産能大出版部
内閣府・高齢社会白書、各調査資料
横浜市市民活動支援センター・講座資料
じゃおクラブ資料
日本生活習慣病予防協会、糖尿病情報センター、ロコモティブシンドローム予防
　啓発公式サイト
インターネット各種検索、読売新聞記事なども参考にした。

あとがき

普通のサラリーマン卒業生が20年余にわたる、地域活動の体験を軸としてまとめたのが本書である。見識が狭く浅学であり、文章力に欠け違和感を覚える面はご容赦いただきたい。

本書の事例が適合しない読者各位の地域もあると思う。その場合は、筆者の活動を一例として受け止めて、応用問題として一部でも参考になればと考えている。また、定年後の生活経済（ファイナンス）などについては、触れていないこともご了解を賜りたい。

要は、定年後の（特に）男性が各地で、いきいきと地域活動で第二の人生を楽しみ、人生１００歳時代を生き抜くためのキッカケになれば幸いと考える。

それぞれの地域で多くの方に呼びかけ、行政などとの協働で健康寿命の延仲の一助になれば嬉しい。

生涯現役でできる地域活動の一部を本書でまとめたが、普通の人が普通の能力で、適材適所の活動ができる良さが「地域」だと考えている。地域で急ぎ結論を出す場合もあるが、基本は「鳴かぬなら鳴くまで待とう時鳥《ほととぎす》」で行くのが良いであろう。

しかし時間がかかり過ぎる場合は、アイディアを出しながら、「鳴かぬなら鳴かしてみしょう時鳥」であっても許されよう。いずれにしても、地域の人間関係を大事にして、多くの人との関わりが諸事業を円滑に進めるポイントと思う。

私事であるが、平成21年に先妻（滿由美）を亡くしてからは、一人暮らしをしていた。いくつかの持病もあり、高齢化による日常生活に不安を感じ、看護師の白川明子さんに来ていただき夫婦として生活している。これにより日常生活においても心身ともに充実した日々を送っている。

2年前から85歳を記念に、定年後の地域活動について出版したいと考えていた。本書は初めての出版であり、何から何まで文芸社の横山勇気氏、そして編集部の方々のご指導をいただき書きあげることができ、深く感謝申し上げたい。

平成30年8月

狩野陽二

著者プロフィール

狩野 陽二（かりの ようじ）

1933年（昭和8年）京都府生まれ。

日本ビクター株式会社（現JVCケンウッド）に入社しサービス、物流、営業を担当し平成6年に定年退職。

退職後に各種資格を取得。横浜市緑区役所の生涯学習運営委員に参加し地域活動に入る。また、三つの市民活動団体を立上げ代表を歴任。地元の鴨居第四地区自治会長、鴨居連合自治会事務局長等に就任。緑区で数多くの市民活動団体の立上げに関わる。

地域活動および地域デビューなどのテーマで講師活動。

平成20年に内閣府から「エイジレス章」を授与される。

共著に『横浜まちづくり市民活動の歴史と現状～未来を展望して～』（村橋克彦監修、学文社）、生涯学習フォーラム第3巻第1号「退職後の社会参加活動」（紀尾井生涯学習研究会・上智大学）がある。

サラリーマン卒業生の「生涯現役」
「地域」での居場所づくり

2018年11月15日　初版第１刷発行

著　者　狩野 陽二
発行者　瓜谷 綱延
発行所　株式会社文芸社
〒160-0022　東京都新宿区新宿1－10－1
電話　03-5369-3060（代表）
03-5369-2299（販売）

印刷所　株式会社暁印刷

©Yoji Karino 2018 Printed in Japan
乱丁本・落丁本はお手数ですが小社販売部宛にお送りください。

送料小社負担にてお取り替えいたします。

本書の一部、あるいは全部を無断で複写・複製・転載・放映、データ配信することは、法律で認められた場合を除き、著作権の侵害となります。

ISBN978-4-286-19835-4